藝書房
28

影像地誌學

邁向電影空間的理論建構

出版・發行／萬象圖書股份有限公司
作者／顏忠賢
發行人／林維青
編輯／龍傑娣
法律顧問／永然法律事務所　李永然律師
地址／台北市南京東路三段 270 號 9 樓 A 室
電話／(02)7781886
傳真／(02)7788248
郵撥帳號／15806765
訂書專線／(02)7192088
登記證／新聞局局版台業第四九一四號
初版一刷／1996 年 10 月
定價／210 元
ISBN　957-669-864-2

CINEMATOPOGRAPHY

影像地誌學

邁向電影空間理論的建構

c o n t e n t s
次

巴比塔的建構象徵著

地誌學式找尋「空間/影像(圖像)/書寫」

新思考方式的渴望。

第 1 章

總導言

邁向電影空間的理論建構

空間的建構將永遠是一個迷宮……

只有巴比塔的無法完成，

才能使建築（空間）與各種語言可能有一個歷史……

他們有一種對他們形式的非形式渴望

（a formless desire for another form），

一種找尋新地點、新柱廊、新走道、新生活與

思考方式的渴望。這是一種允諾……

——德希達（1986）

導引著他穿過一街又一街，

經過一張又一張的海報，

終於把他自己埋進一黑暗、匿名、無關緊要的立方體空間裡，

在那兒有著情感的節慶，

亦即所謂的一部影片就要上演……

——羅蘭巴特，《離開電影院》（1975）

書寫使知識成爲一種節慶的歡樂。

——羅蘭巴特（1977）

一、從「地誌學」到「認知繪圖」──研究的問題與過程

㈠前言：空間／影像／書寫

「地誌學」（topography）一詞糅合了希臘文中「地方」（topos）與書寫（graphein）二字而成。因此，就字源而言，地誌學乃有關某一地方的描寫。目前地誌學一詞的英文有三義，在韋氏字典中，一是已過時但卻最為傳神（literal）的意義：「對某一地方的描繪」。其他現行二義分別為：「以㈠圖解與㈡記實方式如地圖、航海圖、鉅細靡遺地描繪任何地方或區域自然特質的藝術或作法與某一地表的構形包含其凹凸形狀及河川、湖泊、道路、城市位置等等。」最初，地誌學一詞名實相符：以文字描寫某一地方，但在此義作廢之後，地誌學的重心便成為以圖像（graphic signs）而非文字（words）的製圖藝術了。（Hillis Miller, 1993）

地誌學一詞後來更進而成為繪圖之名，而越來與書寫（writing）越遠離。這些定義經歷了三重的移轉。最初，它的原義是以文字為景物創造出其對等的譬喻。隨而，經由第二層移轉，它變成某種繪圖系統裡根據約定俗成的圖像來呈現出景物之義。最後，透過第三重移轉，地圖之名（the name of the map）被引申為地圖命名（to name what is mapped）之由來。這第三重的譬喻移轉，其涵義不僅深遠並且十分微妙。繪圖的傳統、地名和地方間的相互作用，其影響力之所及，足以使我們將某一地之景物視同一張只有全部地名與地理特徵的地圖。地名本身因此似乎已含其命名的由來。而且地名將景觀情感落實書寫為既成之產物，亦即該地之地誌學，或者「譬喻學」（tropology）。甚至，伴隨著地誌學製圖而來的，是更進一步關於風土誌的研究。（J. Hillis Miller, 1993）

在詹明信（Frederic Jameson, 1988）所主張的關於認知繪圖（cognitive mapping）的美學裡，他提出上述第三重移轉的問題，即從地圖之名到爲地圖命名的困境，從 the map 到 what is mapped 之間引申出 mapping 的問題。他提出對「再現」（reprentation）這個飽受指責的字眼一種新的觀點，他認爲再現是一種複雜的空間辯證的模型，並以凱文林區（Kevin Lynch）與阿圖塞的理論合成出一種「認知繪圖」的方向。從林區的「心象圖」（mental map）拿理論延伸而來，他勾勒出城市做爲一個曠缺整體的想像或幻想的感受，再者，這種感受和人們對當下時空感知方式之間所呈現的辯證狀態導引出阿圖塞關於意識形態的偉大界定：「主體和他眞實存在狀況關係的想像再現」。因此，「試圖繪製地圖」這件事本身引出關於所有思考和經驗現實之間的差距（Jameson, 1988：347－357）。詹明信所面對關於美學再現與認知繪圖的問題是指向一種社會整體性的概念，他甚至認爲這種概念是不可再現的，只能想像的研究對象。雖然這些推論涉及他對階級結構、資本主義跨國體系的馬克斯信徒式的關懷，但更重要的，他因此對本書這種地誌學研究提出了一種方法論上的貢獻，關於「對某一地方的書寫」在進行對該地方的理解描繪之前，「書寫」自身應小心的被檢驗關於眞實地景與書寫之間存在著「再現」的問題，關於這種主體和其存在狀況之間的想像關係，及其投射到繪圖（mapping）思維時所必然產生的問題。尤其是在邁向機械複製之後的技術形式之涉入：攝影、錄影、電腦合成影像、各種傳播媒體（甚至包括後現代主義的自我指涉傾向所呈現到地景藝術、裝置藝術、種種書寫與描繪空間的再現可能。）

　(二)電影空間研究的問題：跨領域的思考疑旨

　　這種地誌學式的思考向度提供了關於「電影」與「空間」兩者作爲研究對象的歷史傳統：電影作爲機械複製時代以來最強勢的媒體，它所涉及的「書寫」顯然指出從文字、圖像到影像種種更廣義的表意形式；另一方面所涉及關於「空間」的研究，還包含從地理學（geography）、地景學（Landscape）、建築學（Architecture）甚至是人類學式進入田野調查的風土誌，都可以被視爲廣義的空間學領域。個別的領域已包含了如此多元的討論，那麼這種複合思考領域的向度也同時將延伸出其研究定位的問題。

　　討論兩種既有的領域──電影與空間的領域──做暫時性研究定位的觀察：在電影與空間的研究領域裡已有許多的「取向」、「風格」、「脈絡」。但每個歷史上的研究階段都會出現新的「取向」、新的「脈絡」，無論這些「新」的疑旨（problematic）源於什麼，這些取向和脈絡擁有一些不同的觀念或概念，使用特殊的術語或論域。也就是說，它們在處理一些對象，然而，有些傾向沒有明顯的對象或有「新」的對象。有些則是持續處理一些從別的學科，取向、脈絡或別的專業的對象轉移而來的對象（Nccdet Teymur, 1982：1-10）。在處理電影與空間此研究對象時，有些研究依賴「一般常識」來追求它們的論證或評價電影（或空間）的實質成果，有些研究提出更精巧的、更技術性的、或更「相關專業」的語言（傳統政治、經濟、心理各學科理論或傳統空間理論。）但不論是運用常識的語言或專業科學的語言或甚至是意識形態的語言，都必須面對所有研究在定義之前推論的假設，假設了「範圍」、「領域」或「層次」，而使所有研究的操作、發展得以在其中進行。或者像是對尚未公開（或尚未被傳統研究接受）的疑問提供答案。本書中對電影與空間的研究領域建構應是暫時性的，而且著手提出一些不企圖提供

任何預設答案的問題：

　　(1)電影與空間的交流與轉化發生在何處？（在什麼範圍或層次？）

　　(2)假如兩者構成一個研究範圍或領域，那是何種理論、範圍或領域？

　　(3)這些研究與理論的領域如何形成？（即，它們存在的條件是什麼？或說為何在這個時候成為值得研究的對象？）

　　(4)電影與空間的研究角色為何？（即，是科學的？技術的？或意識形態的？或消費的？）

　　(5)什麼機制支配了這種研究的出現、消失、持續、影響或轉化（即研究的結構特質或關係）？

　　將這些問題更「具體」地提出來：什麼區別了或統一了那些研究取向？是依隨人名如：建築史家維楚威阿斯（Vitruvius）、阿伯提（Alberti）、柯比意（Le Cobusier）、或是電影理論大師：愛森斯坦（Eisenstein）、安德列巴贊（André Bazin），或甚至是羅蘭巴特（Roland Barthes）、梅茲（Metz Christian）、拉康（Lacan）、傅寇（Foucault）、李維史陀（Levi-Strauss）……這些其他理論領域的大師；依一些團體名稱如建築史中的 Team 10, Archigram，或電影史中的「電影筆記」、「英國電影學會」（BFI）或文化理論史上的「法蘭克福學派」、英國文化批評傳統；甚至依主義流變：如空間史中的新古典主義、矯飾主義（mannerism），電影史上的表現主義、新寫實主義；而甚至是文化理論趨向多領域整個的後現代主義、後結構主義、解構主義……的說法？

　　本書的研究目標並不是要使跨學科和跨專業的既存疑旨更為混亂，也不是對所有問題提供實際的解答，更無法在以上研究取向及其延伸的術語、概念字詞建立無所不包的一般性架構，而是

希望找尋一種分析的可能；揭露以下由疑旨構成的研究課題。

　　(A)電影與空間的領域在研究中所交互延伸的疑問本質。

　　(B)以上這些理論取向中術語、觀念與概念對兩種論域的聯結
　　　探索。

　　(C)兩種領域互動、轉化、連繫的基本認識論機制。

　　㈢預期成果：

　　(1)解讀與轉化——新研究論述的形成

　　本書旨在解讀電影空間隱含的意義、不同脈絡的意義形成過
程，經過理論的中介，試圖了解：人們透過電影空間這種特殊對
象（影像媒體形式），所經驗到的意識、感覺與價值。這樣的理
論性分析將有助於此領域研究論述（discourse）的形成，進一
步，有助於空間與電影在不同專業領域實踐互動的可能。它不僅
僅作為知識上多樣性中的一種學術研究方法，也不只是作為影評
寫作的新脈絡形成；更重要的反應是在更為快速變遷的時代，為
隨之瞬變的電影空間形式找尋更具說服力的認知模式，從而轉化
傳統理論領域的狹義論述至更廣義的研究取向。

　　(2)理論的傳統

　　本書在方法論上不僅承繼於傳統的電影與空間理論，並承繼
了文化研究、文學批評、電影史與空間史（尤其是建築史、建築
理論）的滋養。因此，本研究也是更大的理論實踐的一部分，希
望能豐富所承繼領域的研究內容。

　　目前在電影理論領域與空間理論領域中，僅有少數的研究應
用到彼此跨領域的討論。在此，理論性思考的目的在於對現實的
掌握，對於電影空間多面向發展有更新更完整的掌握，並獲得知
識性的效果，進而能在更廣義的文化研究中提出更全面性的理論
建構，從而在更多種相關理論領域中建立橋樑。

二、電影空間研究與電影空間理論

㈠電影空間「理論」？

在本研究中，解讀電影或解讀電影空間的寫作應該與建構電影空間理論的寫作有所聯繫，唯有著力於對理論方面的觀點做反應、分析與批評，「理論」才能對於電影與空間的本質探索給予有系統的詮釋。因為，「理論」扮演了許多如下的特殊角色：

(1)理論可以提供評論者（包含影評人、空間評論學者、文化批評家）較完整而具說服力的語意場域（semantic field），在如此解讀活動的發生過程裡，語意場域連結了或描繪了（map）電影與其可能的線索或模式。（Bordwell, 1994：169）

(2)理論提供了特定的圖模（Schema）或啟發方式，這種「圖模的」概念來自康德，他應用此名詞來解釋知識結構本身，以及製造並使用此結構的規則或程序。（Ibid：213）

(3)理論提供了修辭的來源。修辭在此被視為創構（inventio）、部署（dispostio）風格（elocutio）的過程。使人們可以從更廣泛的角度來探討電影空間解讀的建構因素。（Ibid：315）

理論如果是由命題的知識構成的學理，往往被視為是黑盒子，但也常被選擇性地納入慣見的解讀方法上（如作者論和拉康學派都在一個密閉式場景中找到主角受困的寓意，或把攝影機視為一個窺看者）。但理論當然不只是命題的知識而已。透過一定的推論和修辭程序，理論仍然是揭開隱含的意義、意義的層次，以及多重意義關係的重要線索。（Ibid：25-27）

然而，在相關的專業論述（電影、電影評論、空間、空間評論或更大的文化研究論域）經歷過所謂的「多範型抗爭」（multiparadigmatic rivalry）的情境之後，「理論」已經無法就個別

現代專業辭典之工具性定義提供完整的回答，因爲理論的觀點與概念是由論述所界定。我們必需處理跨領域專業對空間觀點的變遷，而對電影空間設定觀點的過程則需更進一步地考量其特定電影史或空間史演化情境下所建構的論述之移轉。

　　這本書檢視論述變化下之不同空間觀點。重心其實不在於評介各種脈絡的理論，而是希望經由疑旨的建立與反省的過程，試圖建構一個跨領域取向的理論架構，以期能有助於對電影空間的認知與討論——特別是有關各種不同空間的認識論脈絡在電影中的形式實踐，或甚至是由於電影中對空間與影像種種可能互動關係而開發出來全新的理論性反省。（諸如技術的演進已不再是純粹形式的問題，電腦合成影像的能力所創造的虛擬幻境[virtual reality]是布希亞類像[simulation]理論的中心議題）。

　　常規性的空間論述一再受到社會變動力量的挑戰，以及，它被迫必須面對社會科學反省之後在理論層次的質疑。電影與空間的專業關乎影像與營造的生產活動。在資本主義社會的分工與專業分工趨勢，形成更多的專業差異，分工後對空間觀點也有所不同，衍生出不同的研究領域，也逐漸與不同的知識傳統結合，益發鞏固了原先空間的觀點的差異。譬如說，建築史與建築批評主要是與建築、地景、建築與都市設計的專業者與作品的互動。而傳統電影理論則著重於蒙太奇、場景調度、場景設計與空間呈現的關係。但兩種領域到了環境——行爲研究興起後，則開始由社會與行爲社學（主要是心理學、人類學、社會學）與之互動；近年來因文化研究方面的理論進展，政治經濟學、後現代理論等……種種新理論的出現，使得關於電影空間的論述更爲複合而延伸。雖然如此，但因爲這些社會分工與專業分化的趨勢在學院與研究單位中發展，逐漸也形成了個別論述的片斷性，它造成了資本主義基本結構之間的一些連結與不連結的特殊形式。

（Scott, 1982：53）這種論述的片斷性使得電影與各種空間設計
規劃的專業者更加深陷於工具性的操作，而拙於思考與分析的困
境。於是，當社會的脈絡改變了，電影空間因其無學術研究的傳
統，顯現出語言的空泛、思考的片斷性與理論貧困。（夏鑄九，
1992：245-246）

　　因此，本研究不只希望以靜態的學科範疇將電影空間的可能
性加以分類，更希望對前述專業分工所形成空間認知觀念的不同
取向，進行認識論層的審視。在如此基礎上，才更能深入討論空
間概念在電影中所呈顯多樣而動態的面向，以地誌學式的空間書
寫語義系統，建立本書理論的主要課題架構。

㈡電影空間的認識論脈絡分析

　　理論發展的過程的分析主要關心認識論實踐的脈絡，本文將
電影空間理論劃分為三種不同的認識論脈絡，由這些脈絡的研究
方法深入討論電影空間的議題，並更著重於不同議題所延伸的理
論和解讀對象（電影作為評論活動的實踐對象）之互動。從而由
這三種知識體系的分析，更進一步地建立出本研究的理論架構。

　　布希亞界定了「影像的相繼階段」，在後現代地理學家愛德
華索雅（Soja, 1993）的觀點裡，將布希亞關於類像物的浮現
（precession of simulacra）的發現，對「現實與再現的想像」
之間的變動關係，提供了一種批判知識體系性的分析：即他視其
為關於真實生活世界的實際知識模式。但在此，筆者則將其轉化
為影像與其呈顯空間想像的模式，並用以討論電影空間理論脈絡
的認識論基礎：

　　⑴第一種批判的知識體系；在起源上和做為啟蒙的現代性是
連絡在一起的，它是以「鏡子」的隱喻來掌握。對於世界有實際
感知，乃是為了改善這個世界，而這種能力是源自理性的思考，

來了解源自眞實經驗世界的可以感知的「反映」（reflec-
tion），將正確的、良善的、有用的資訊，跟相伴隨的雜音和扭
曲分開來。基本上，這是現代科學和科學方法的認識論，它有各
種不同的驗證的形式。它在當今的人文與自然學科中仍是認識論
的主流（Ibid：10）。在這種模式中所建構的電影空間之認知體系，
從電影的發明開始，作爲記錄性的影像敍事基礎、電影空間等同
於現實的舞台或戲劇的場景，作爲人們對眞實經驗世界可以感知
的反映，將被影像所選擇過的空間資訊，隨著情節投射在鏡式的
想像世界，作爲區隔雜音和扭曲的態度則成就了電影對其企圖呈
顯現實的特質。這是電影寫實主義的必然成因，尤其在義大利新
寫實主義達到極致，近乎完全以紀錄片的形式，減少攝影機語言
干預觀眾對電影呈現眞實的感受，從技術的資訊式的反映發展一
種藝術道德式的宣言，在其一系列電影中，空間成爲一種投射式
的眞實呈現方式，影像僅是反映的工具或驗證過程。

　　《不設防城市》呈顯了這種電影空間觀的特質，它開始了寫實
主義和唯美主義彼此對立的新階段。（Bazin, 1958：291）事實
上，從盧米埃起、到尙雷諾甚至是奧森威爾斯都嘗試著使電影幻
景恢復現實的基本特質：即透過影像重建現實的連續性。由葛里
菲斯所創始的經典剪接手法是將現實分解爲一連串的銜接的鏡頭
（如《國家的誕生》中的平行剪接段），作爲觀察事件而且符合線
性敍事邏輯的連續性現實（Ibid：300－307）。因此，無論是在《大國
民》中運用深焦鏡頭的進步技術獲致眞實性，或是新寫實主義運
動中以紀錄片的視覺風格與不搭景式的寫實城市經驗來避免對現
實的干預，都是將電影空間視爲反映眞實的舞台。在巴贊對新寫
實主義的觀點中；他強調狄西嘉、羅塞里尼或費里尼的共同之處
在於他們作品特別注重現實的再現，而不是戲劇的結構，也就是
說，義大利電影用一種新的寫實主義替代了此種內容上是小說的

自然主義而結構上是戲劇化的寫實主義。如此而言，含義與表象的關係在某種程度上被顛倒了：表象始終被當做是一種獨特的發現，做為一種幾乎是記錄下來的新事物展示在我們眼前，保持自己的力量。如此，寫實主義的特性不是由目的而卻是表現的手法來確定，但新寫實主義的特性則是由這些表現手法與創作目的特定關係來確定(Ibid：379−380)。這種觀點正是索雅所描述的以鏡子作隱喻來面對現實的態度，作為眞實經驗的「反映」，並强調要區隔雜音的再現方式。在這種脈絡之中，電影空間也成為其鏡像之一部分，投射出面對電影外眞實場景的直接經驗，具連續性現實的空間經驗，如同《不設防城市》中的羅馬，在欠缺燈光下拍攝、品質較差的新聞片底片、大部分非職業性的演員、和最重要的其二次世界大戰淪陷區眞實場景，卻成就了一種獨特美學風格的電影空間。

　　(2)第二種批判的知識體系在十四世紀發展起來，不過它也可以溯及古遠的先驅，它的隱喻是「面具」而非「鏡子」。它相信從眞實的經驗世界潛在地可以獲知「良善」反映，但往往被錯誤或虛假表象的騙人遮蔽物所阻擋。因此，實際的知識和批判性的理解必須揭露「去除浮面表象的神話」，挖掘在直接可感的經驗世界底下的洞見。這種批判論述模式的系統性展露密切地關連於不同形式的結構主義的發展，從馬克斯、佛洛依德和索緒爾，到更接近當代的藝術、文學和美學中的文化評論。這種替代性的知識體系很顯著地塑造了世紀末的現代性論述，而且是與前述第一種知識體系對抗的認識論。(Soja, 1993：10)這種以面具為隱喻的論述投射到電影空間的領域是有顯著的脈絡可尋：

　　在表現主義電影理論家的立論之中，電影藝術源自外在現實與電影現實之不同，電影導演利用媒體的限制──銀幕的二度空間，受限的景框、割裂的時空──製造出僅在有限條件下類似眞

實世界的模擬世界，真實世界只是原始素材的貯藏所，電影藝術不該只是複製、模擬現實；而是將觀察到特性轉譯到電影媒體的形式中（Giannetti, 1990：407－408）。在生活中，我們可以理解周遭環境的深度和空間；但空間在電影中是個幻像，必須依賴導演以場景調度或蒙太奇操縱物體來獲取透視感。這些理論建構在攝影機和人眼不同的認知模式上，影像的「形式」決定了不同的「內容」，如此，表現主義所呈現的「面具」式的影像企圖，在電影空間的表達形式上卻成就了一種典範。

　　《卡里加利博士的小屋》即是這種典範的代表作。除了在情節與光影上的特殊誇大處理外，此片對電影空間的表現有雙重的「變形法」：一是場景的變形，二是鏡頭的變形，前者在柏林表現主義畫家羅林格（Walter Rohrig）與建築師華姆（Hermann Warm）的主控之中出現大量的變形場景：在燈光的明晦中出現傾斜的房屋、彎曲的小道，塗畫出來的樹木與路徑，將變形的舞台佈景突顯成特有符碼式的安排，作為表現主義式電影空間的宣言。後者則更透過主觀鏡頭或重疊畫面的運用而使尋常空間經驗變成夢魘式的幻景。這兩種處理電影空間的變形法成為往後表現主義影片師從的藍本：如穆瑙《吸血鬼》的城堡，佛列茲朗《大都會》裡的機械城市鳥瞰景觀等等，都呈現了一種和真實空間決裂的表現方式。（齊隆壬，1992：27－72）

　　事實上，這種以「面具」為隱喻的影像認知脈絡，也可在二○年代俄國蒙太奇傳統或法國新浪潮對電影語言的開發甚至是超現實主義電影的成就中看到端倪；從普多夫金（V. I. Pudovkin）、愛森斯坦對衝突並列蒙太奇的理論開發，以鏡頭與鏡頭之間的連接與間隙；擴展為不同質形式張力的撞擊，以特寫介入遠景來破壞現實空間的真實感，改變進入電影空間的經驗的節奏，形成一種變動的、矛盾的辯證性衝突，而用這種「爆炸」式

的剪貼來干擾葛里菲斯古典蒙太奇所建立的敍事模式與連續場景經驗。到了高達或布紐爾的作品中，蒙太奇變成作者論運動的宣言或夢境潛意識的再開發形式。電影空間的開發，一如其他電影形式語言的開發，都成爲揭發「面具」後待批判的主體經驗之行動歷程。

(3)布希亞認爲，在廿世紀晚期有第三個知識體系在其他知識之旁浮現，引進了一個類像物（Simulacrum）爲隱喻的新的批判性認識論，它指明了一種轉變，由僅僅是表現的遮掩轉變爲日趨「所有參考物的液化」（liquidation of all referentials），以眞實的符號再現代替眞實本身。類像物乃是已經失落了或者根本就不存在的原版的精裝複製，它威脅「眞」與「假」，「眞實」與「想像」、「符旨」之間的差別（以及區別的能力）。索雅認爲這種布希亞理論在當前世界裡是日漸坐大，而且大部分是和「後現代狀況」連結在一起；對於一切承繼而來的認識論的解構主義攻擊，以及連接到更彈性的、更寬廣的後結構主義批判的興起。尤其強調指涉物的消失、移位與再現的危機，以及對於作爲價值的符號的激進否定，對於整體性和全盤性的後設敍事的攻擊，朝向差異和異己開放。索雅注意到媒體和大衆文化是情感性的，而且類像揭示了超眞實的生產地點，尋找戰略和策略的位置，而非解放社會行動的普遍計劃。雖然出自不同的方式，但重要的是，這一切都是發現「現實」已經不再和以前一樣了。（Soja, 1993：11）

在布希亞的第三個階段，影像遮蔽了現實的日漸缺席，索雅認爲這可以被解釋爲當代的後現代性的上場時代，以及邁向布希亞式第四個類像階段的第一步，這時候，所有影像都成爲它們自身的純粹類像物，和任何現實都不再有關係。這種完全超類像（hyper-simulation）的最終階段是否眞的到來並不重要，但只

要承認它發生的可能性就已意味深長了，這是挑戰傳統認識論模式的重要成就。

(三)研究方法的分析性結構

本研究的目的集中於「電影空間的形式」與「電影空間理論對電影解讀的發展與應用」，因此在前文中對認識論脈絡的分析與區隔之後，當其延伸出三個不同的理論的研究方法，形成本書的分析性架構及理論研究途徑的類型：

(1)現象學與結構歷程學的電影空間理論

延續第一種認識論脈絡中以「鏡子」的隱喻的知識傳統，討論電影空間與空間意識之間的辯證關係，空間是如何被感知？如何經由理論的建構來掌握其感覺經驗？進而分析電影空間是如何被經驗意識的建構及意識形態的中介過程。在從現象學到結構歷程學的理論來討論人作為主體對電影空間的主體建構過程。並在各部電影的分析中討論此理論脈絡中重要的課題：以《龍貓》來討論場所精神、以《去年在馬倫巴》與《美麗佳人歐蘭朵》來討論空間的意識結構、以《新天堂樂園》與《老人Z》來討論鄉愁與場所經驗、以《戀戀風塵》與《無言的山丘》來討論地點感與感覺結構、以《蒙古精神》來討論地點的結構化歷程，最後以旅行電影的地景來討論集體記憶的地點感。

(2)影像與空間的差異地學

從第二種認識論脈絡中心以「面具」為隱喻的知識傳統而來，嘗試揭露假象遮蔽物的批判傳統，以挖掘在直接可感知的經驗世界底下的洞見來去除電影空間浮面表象的神話。在本研究中引用傅寇所開啟的「差異地學」為此脈絡的中心主題論域，並討論從傅氏討論力干預空間的體系思考到電影空間作為影像休閒實踐的意識形態分析，而且引用巴赫汀關於眾聲喧嘩與狂歡化的理

論來對電影空間的互為正文性（inter-textuality）及其衝突、顛覆的可能提出分析：以《最後魔鬼英雄》討論地點的鏡像空間效應、以《秦俑》討論差異時間、以《小鬼當家》討論對童話電影空間作差異地學式的分析。

(3)電影空間的後現代理論建構

以「類像物」為隱喻的第三種認識論傳統，這是在廿世紀晚期浮現的知識體系的轉變，以真實的符號或再現來代替真實本身。「真實」與「想像」、「符旨」與「符徵」之電影空間的最中心議題進入全新的理論視野：在這種知識體系中，後結構主義與後現代主義的面向是最值得重視的。本研究中引用《青少年哪吒》、《只要為你活一天》來討論羅蘭巴特的後文本分析式之都市記號學、以詹明信與大衛哈維關於晚期資本主義的文化邏輯引申的媒體空間討論《銀翼殺手》、《秋月》、以彼得格林那威的《建築師之腹》與《魔法師寶典》來討論後結構主義式的影像空間、以布希亞的類像革命性思索《聖誕夜驚魂》、以《溫柔之夜》討論世紀末的再現理論、以《異形》所建構的主題博物館分析來討論電影的歷史空間。

塔可夫斯基的《鄉愁》呈顯了

現象學與結構歷程學式的電場空間主題,

在荒廢的教堂場景象徵了

對回憶對文明的意識探索。

第 2 章
現象學與結構歷程學式
的電影空間理論

我不是要尋找「經驗是什麼？」
而是要尋找「是什麼使得經驗成為可能？」
——梅洛龐蒂，《什麼是現象學？》

地理，是所有書中最關心結果重要性的書，
他們永遠不會落伍……
他們記錄永恆的事物。
——聖艾蘇培瑞，《小王子》

小津安二郎的空和室、
布烈松的死寂地帶（dead zone）
與非連續空間（disconnected space）中揭示了
影像的「辨識」（legible）功能超過視覺（visble）功能……
電影銀幕空間的外場域（the out-of-field）
是透過存在的理性（raison d'être）而決定。
——德勒茲，《電影 1：運動—影像》

一、直觀的空間意識及其實踐——
從現象學到結構歷程的理論綱要

現象學是一門描述性的科學，其中心意旨在於關切（concern）、開放（openness）及清楚的看視（clear seeing）。它是常被冠以「人文主義」或「意義的哲學」（Seamon, 1989：3-27）在梅洛龐蒂（Merleau-Ponty, 1968）的觀點裡，現象學是關於本質的研究，所有的問題就指向發現本質的定義，發現知覺本質、意識本質的定義；但是現象學也是將本質放回存在的哲學，因而希望對人類與世界的了解能以其事實性（facticity）為出發點，它是一種超驗的（transcendental）哲學而且傾向喚起人們對世界的基本經驗。（Merleau-Ponty, 1968：356-374）

胡塞爾將現象學視為一種描述的心理學，希望透過描述而非解釋或分析來返回事物自身，他認為帶懷疑論基調的現象學要徹底的摒除預設，求取與自身相關的絕對反省性洞見，因此人們必須在所有決定事物的方法之前先找到一種方法，藉以其洞察屬於先驗純粹意識的事物領域。從這種方法中，他可以自新類型的事物材料中獲得全新類型的知識。（Husserl, 1976）

如果能夠純粹地就體驗的本質來看待體驗，即可開展直觀知識的領域。但就現象學的純粹度而言，胡塞爾（Husserl, 1976）認為其面對純粹體驗的觀點、思路和研究本身的歷程也應該同屬於研究對象，這種「純然直觀範圍內的科學」必須在觀察純粹意識事件時使其臻至完全清晰的地步，它必須在清楚的領域內進行分析並掌握其本質；還得追究兩者可以被理解的本質聯結，以盡可能忠實的概念表達方式來掌握其所觀者。

然而，這種採取意識觀點所做的進行是不同於觀念論者的返回意識，梅洛龐蒂（Merleau-Ponty, 1968：356-374）指出，在

現象學所要求純粹的描述中，它一方面排除分析反省的過程，另一方面又排除科學解釋的過程，笛卡兒及康德（尤其是後者）分離主體（或意識）是源於一個觀點：我不可能理解任何事物的存在，除非我在理解它的行為中首先經驗到自我的存在。他們呈現意識——我的存在的絕對確定性作為所有事物存在的條件，而且此意識與事物的關聯可做為所有事物存在關聯的基礎。康德認為意識的統一是伴著世界而同時獲得，但笛卡兒的方法懷疑並沒有剝奪任何事物，因為世界（至少是吾人所經驗的世界）是在「我思」中恢復而且擁有相當的確定性。如此而言，現象學所關注的則是如胡塞爾所主張的：取消將世界建立在主體綜合活動理智的分析，而將反省保持在思考的對象之中，所以重要的不是產生思考對象，而是帶來思考主體與對象的基本統一。

　　從現象學發展出來對於空間認知的理論有著深遠的影響，尤其是新人文主義地理學，對於人的住居以及經常性活動的涉入，經由親密性及記憶的積累過程，經由意象、觀念及符號種種意義的涉入，在段義孚（Tuan, Yi-fu）、瑞夫（Relph）及相關學者的強調中，重新定義「地點（place）」，它不僅僅是作為客觀的空間形式，而被視為是一個意義、意向或感覺價值的中心，而且經由充滿意義的真實經驗或動人事件、個人或社區的認同感的關懷的建立，才能將空間及其實質特徵動員並轉形為「地點感」，從而取代並修正實證主義式空間研究理論的貧乏。

　　對於從現象學延伸出來關於空間認知的理論卻也在方法論上受到質疑，艾蘭‧普瑞德（Allan Pred, 1983：45～68）指出大部分和地點感相關的著作未能適當處理脈絡（context）及脈絡過程（contextual process），社會和歷史脈絡都未作為其理論的基礎，因為形成地點感的各種制度是不能和日常及長期的生產、消費或其他計劃完全抽離而獨立存在；「地點感」常被處理

成一種自主心靈的產物、心靈自由地詮釋經驗的世界——記憶、意義，因此，以源於自主意向所鼓舞的自主行動的情感，避開唯心論與意志說的掩飾，重新以社會和經濟結構的特性來詮釋：「地點感」須被視為是在歷史的特殊情境下，個體社會、實踐和結構之間不斷辯證的形成過程中的另一種副產品，乃是被相同的政經實踐歷程所表現與再生產。

雷蒙・威廉斯（Raymond Williams, 1977）所定義的「感覺結構」（Structure of Feeling）是思想上的創見，他描述感覺結構是在特殊地點和時間之中，一種生活特質的感覺；一種特殊活動的感覺方式所結合成的思考和生活的方式；他企圖以此對文化進行解析或揭開組織相互關係的複雜性，甚至是強調以「世代」為主的感覺結構變遷乃是有歷史差異且廣佈的社會經驗，艾蘭・普瑞德（Allan Pred, 1983）指出如此可以清楚地分析社會及歷史脈絡對個人經驗的衝擊，將自我成長、意識交替以及意識形態從整體之中抽離，「感覺結構」比「地方感」在概念上更清楚地知道社會及歷史脈絡對空間認知經驗衝擊，從而對於現象學關切的空間課題提出本質上的修正。

二、電影空間的顯現——影像與場所的現象學式探索

海德格（Heidegger, 1971：145−161）所分析關於希臘語中「產出」或「生產」的這個詞 tikto 或 techne，提供了空間與影像的關係一種重要的連繫。對希臘人而言，techne 既不指藝術也不指手工藝，而是：「在以這樣或那樣的方式現存著的現存物中，使某物顯現」。希臘人理解 techne 即生產，意思是「讓顯現」（letting appear），這種思考方式的 techne 自古就在各種專業中埋沒了。後來，在機器、技術之中隱埋甚至更深。因此，無論是生產影像的電影或生產空間的建築都不應被僅僅視為技術

上或文化上的產出，而應將兩者平行思考於「讓顯現」一詞的意義，從而揭露人與其所在的關係，甚至是人類生存關照的存在（Being）與其基本特徵「定居」的關係。這是現象學在認識層面上對空間與影像兩者關係的安置。

海德格（Heidegger, 1971：145−161）以現象學的角度對定居（dwelling）和建造（buliding）進行思考，嘗試以問題的歷程將思考空間的層次從藝術或砌築技巧提升至語源學式的本質探索。他指出古英語和高地德語詞彙中，建造（buan）是定居（to dwell）與居留（to remain），而動詞 bauen 的真正詞即是定居。從而延伸出㊀定居不只是居住而且旁及與居住有關的其他活動；㊁此字和 bis「在」（be）的意思相關，即指人類在地上的方式就是 buan；㊂古詞 bauen 意謂只要人定居著，同時還有「珍惜」、「保護」和「照料」之意。如此，海德格定義出空間這個詞，即 Raum，Raum 的詞意是「為安置和住宿而清理出或空出的場所」，而當物（如使一個地點顯現出來的橋）以這種方式成為地點時，才提供空間。如此而言，聚集四位一體，而且以這樣的一種方式聚集，即讓此四位（蒼天、大地、神靈和生靈）具有場地（site）與地點性（locality），場所（一如黑森林的農舍）所顯現出來那種自足力量才能讓天、地、人和神進入如此的渾然狀態。

由此推論，德勒茲（Deleuze, 1983：12−28）對影像所創造的視覺空間分析也提升至電影語源學式的本質探索。電影空間證驗了某種更實驗的空間顯現歷程，它並不是複製非電影世界的空間形式於電影場景中，也非創造了一個不存在或不可見的假想視覺領域。德勒茲所提出的「去框化」（deframing）觀點說明了德萊葉（Dreyer）、小津安二郎、布烈松對電影空間的處理方式，宣稱其超越銀幕框化的影像視覺功能，而將電影敘事語用規

則的象徵，引入其處理空間的風格之中，或是更進一步地，提出
「外場域（the out-of-field）來討論『去框化』的更進一步可能，
將異空間性（the transpatial）和精神性（the spiritual）帶進電
影空間的系統，一方面透過空間中未見組羣的相對面向，另一方
面是強調新的未見組羣不再屬於可見秩序的絕對面向，前者如同
安東尼奧尼，後者如同亞倫雷奈。這兩種面向都可視爲希臘
techne 式「讓顯現」的重要里程碑（以影像讓空間顯現），而
且和建築讓實質空間顯現的方式在認知與感知的層面上皆不相
同。透過德勒茲的分析角度，這些導演的特殊電影風格形式重新
定義了「空間」這個詞，一如海德格般地揭示我們，在現象學的
層面，電影空間是「使一個地點顯現出來的所有框化、去框化的
影像敍事歷程」，而且完成了某種不同的意識場所的方法或是使
場所意識變成可能的經驗塑造模式。

　　以下則提出電影空間討論的三個不同向度的議題，並以電影
作品舉隅，討論其現象學與結構歷程理論的空間反省：

(一)場所──《新天堂樂園》、《老人Z》
　　場所是行動和意向的中心，它是「我們存在中經驗到有意義
事情的焦點」，（Noberg-Schulz, 1979）而瑞夫（Relph,
1976：44－62）則認爲在特定的場所脈絡中，事件和行動才有意
義，而且被那些場所的特性所影響。因此場所可以是被意向定義
的對象（或僅被定義成事物羣體之脈絡或背景），也可以自己成
爲意向的對象，場所因此是規劃我們世界經驗的基本元素，包含
著我們的意向、態度、目的與經驗的一種集中。

　　在瑞夫所定義的場所本質裡，意向性不僅是胡塞爾所謂承認
所有的意識是對某物的意識，也不該只是被解釋爲愼重選擇的方
向與目的，而是一種存在於人與世界中且能夠賦意義的關係。因

此世界的對象和特性是在它們的意義中被經驗到的，它們也不能與意義分離開來，而且是人類所擁有的對象意識所給予的。所以場所的本質主要在於定義：場所為人類存在的奧祕中心，並作為無自我意識之意向性的對象。根本上，每一個人會意識到和我們出生、長大、目前生活或曾有特殊動人體驗的場所，並且與之有深刻的聯繫。這種聯繫似乎構成了一種個人與文化的認同，及其安定的活力泉源。

在前述的推論中，如果場所基本上是意向的中心，那所有的意識並不僅是有關事物的意識，而是有關某物或某人在場所之中的意識，而那些場所主要是以對象和其意義來定義。因此，在建築上，討論認同感和方向感是人類在世存有的主要觀點。（Noberg-Schulz, 1979）進而，透過直觀的體驗來討論地方的塑造，用以分析聚落、永恆，以及家的概念和海德格所提的定居（dwell）所啟發人「在世存有」（being in the world）的反省。這些討論都是期望更深入地建立人與既有環境之間有意義的關係。因此，在電影裡，所有讓空間體驗「顯現」的歷程，也將被視為討論場所歸屬的可能。

《新天堂樂園》所描述的電影、電影院與電影院外的廣場共同傳達了場所的意義，通過生命成長的過程（童年、失戀、從軍、回顧）與環境地景的變遷（經濟、政治、戰爭的衝擊），活動、環境與意義之間有著多重關係的聯結。尤其場所與族羣的長久關係所依賴的儀典、風俗與神話，使得場所的神聖性與永恆意義可得以延伸，在《新天堂樂園》中看電影成為凝聚其山城住民最重要的活動，甚至有了儀典性的延伸；電影院外的廣場是全城定居（dwell）意義的中心，除了在人物敍事軸線上平行呈現象徵的空間指涉，以電影的影像形式論述而言，將廣場牆面作投影幕是象徵化的影像空間的高潮，老放映師透過放映機的鏡面折射完成

了電影遊走於空間中的奇景，這種「去框化」的影像安排在實質空間裡使制約於「銀幕—觀眾座位」的電影院行為環境的邏輯鬆動。而在現象學的意義中，則使場所的「在世存有」反省進入了影像與空間的互動關係：電影使廣場的場所經驗得以顯現，而廣場空間使電影影像得以放映而與觀者的慶典意識構成聯繫。場所作為意向的中心，那意識可廣義延伸為空間與影像雙重在場所中重組而建構的意識，而場所則以人與其二者（空間與影像）所產生的意義來自我定義。

　　《老人 Z》所呈現的鄉愁提示了「場所」對人的重要性，失去了意識中的場所即失去了與出生、成長、生活認同及其安定的動力泉源，會使人們無法感知到其在世界中的定位。對於片中晚年獨居的老人而言，老照片中的地景不僅提供了靜態的環境元素，而且容納了老人記憶中的幸福時光，即過往的總體生活氛圍（穿和服的妻子、舊遊的海濱、動人的老歌謠……）。由場所而引發所有的行動與找尋的過程建構了全片的電影空間，在德勒茲（Deleuze, 1983）所分析的「追尋鏡頭」中，他認為攝影的兩種運動狀態一是運動體本身二是載體（vehicle）的，諸如溫德斯公路電影中的種種交通工具，從而引申出「運動—影像」（movement-image）的本質，不僅是移動中的普通物質，而是以動性（mobility）為主的運動，《老人Z》中所出現了找尋老照片地景的過程即呈顯了此動性的運動，不斷變換的場景地點（生冷的醫院、鋼珠彈子房、警察佔領的大街），與載體自己所化身的電腦機器老伴，雖然在影像敘事的形式上並沒有新的突破，但卻使影像與空間的關係有了特性的互動在一部人工智慧機器類喜劇和類公路電影式的動畫中，藉著找尋鄉愁地景，完成了對「場所」作為人類行為與意向中心的詮釋。

㈡意向性──《去年在馬倫巴》、《美麗佳人歐蘭朵》、《龍貓》

胡塞爾曾指出（Husserl, 1976）：假如現象學是門「在純然直觀範圍內的科學」，一種純屬「描述性」的本質科學，那麼其研究必須觀察某些純粹意識事件，使其在清楚的領域內進行分析，同時掌握其本質，它得追究那些可以被理解的本質聯結；用忠實的概念表達方式來掌握其所觀者，經由這些所觀者或者一般的認識。從而將純粹意識事件的意義描述出來。如此討論回返自我的參涉理論；在梅洛龐蒂（Merleau-Ponty, 1968：356-374）所考慮的「意向性」中有了更進一步的發展。他指出「意向性」經常被列為現象學中的重要發現，但是只有經由「還原」它才能夠被理解，因此他不再只是尋找「空間經驗是什麼？」卻進而追問「是什麼使經驗成為可能？」知覺的自明性若非必然，那空間在「意向性」的反省中則顯現了意識的疑旨，空間是我們所「思考認知」的那個對象或是「生存」於其中的所在？

亞倫雷奈透過影像來發展這種意識的疑旨，在《廣島之戀》、《莫里哀》、《去年在馬倫巴》中，我們發現，尋找意識的本質將不在於發展意識的領域或進入找尋的內容之中，而是重新給予自身在歷程中發現「自我的現實呈現」以及「意識的事實」。追問去年發生的情事，過去戰火中的往緒，現下的敘事現實才能呈現而接續。

這種以「意向性」作為影像敘事的主題質疑了區分「知覺」與「想像」的基礎：因為如果我們可以談到「夢想」及「真實」；又會煩惱兩者的差別，並且懷疑「真實」，那事實上在分析前，我們就已做了區別。在雷奈的電影中，尋找知覺的本質卻被宣稱為知覺並不是一種假的真實，而應該是「通向真實」。

這種意識找尋與辨認的企圖呈現在電影中則成就了德勒茲（Deleuze, 1983）所稱之的「大運動」（great movement）」

式的特殊鏡位，鏡頭運動延續了「框化」作為一種風格化的導演創意，而運動建構組羣部分在同一「框」中，或建構不同組羣的關係於「去框化」與「再框化」之中，這種再建構的複雜而獨立的運動鏡頭塑造了另一種電影空間的可能。

《歐蘭朵》與《去年在馬倫巴》都以巴洛克的建築及花園來作為空間象徵，透過這種人類在理性主義到達極致時所創造出來的空間類型來試探認知意識的邊界，《歐蘭朵》以豪宅之景園變遷來隱喻女性角色的自我質疑與身分認同。而《去年在馬倫巴》則揭示了：影像不僅可能說謊，而且我們也無法辨識其真偽，意識的本質只是歷程，通往真實的歷程，而非真實本身；因此，影像所顯現空間的方式在此則不再從屬於情節中敘事邏輯，作為事件發生的場景，也不僅是成為情節裡人們行動與意向的中心場所，而是更深入地勾勒了一種空間認知的意識架構，在這種架構中重新定義影像與空間的內在關係，兩者不再是彼此佐證或「讓顯現」的互動，而卻是在相互質疑本質的意識鬆動過程去揭示電影空間新的開放性視野。

《龍貓》除了體現諾伯·舒茲（Norberg-Schulz, 1979：6-23）所提場所精神（靈）（Genius Loci）的概念，在片中以《龍貓》為大樹的主人、庇護村落田野的精靈，符合其古羅馬人對生活場所必有神靈守護的說法，如同在羅馬的「場所精神」的思考中，精神表示的不只是一個具體的神祇，而更意指著「物之為何」（what a thing is）或「意欲為何」（want to be）；而在電影的敘事主題中，《龍貓》呈現了如海德格對定居所凝聚天、地、神、人的空間母題，而且還原了小孩式具自明性的意識狀態（他們的現實與期望），從而建構了童話式的場景作為「意向性」的母題，使龍貓隱身的場所成為意識的交點，中介於「真實」與「想像」，「知覺」與「夢想」，並豐富了電影空間經驗

的可能。

(三)感覺結構——《蒙古精神》、《戀戀風塵》、《無言的山丘》

對於主體性的高度要求，現象學知識傳統較諸其他理論為高，大衛‧西蒙（David Seamon, 1987：18-19）指出，現象學尤其要求研究與實踐對利益、敏感度與嚴肅性之高度自覺，所以主體性與互為正文性的課題關係著現象學的客觀性。但詹明信（Jameson, 1985：51-53）則指出，對現象學者而言，歷史成為個體所寫就，而沒有仔細地分析社會結構的限制；若無視於社會再生產的機制，個人的行動與空間的經驗則淪為自由漂浮的地方感。

在艾蘭─普瑞德（Allan-Pred, 1983：45-68）所提出的結構歷程的理論中，以「感覺結構」所勾勒的空間議題，希望能勾勒社會及歷史涵構對個人經驗的衝擊，並討論和民族、地方文化等等整體複雜關係中不可分離的形成過程。從而將族羣的個人的自我長成、意識交替從整體之中抽離，進而討論「地點感」的概念如何深化到特殊環境的不同世代，不同的個性與體制的實踐；感覺結構的形成過程和不同階級、不同意識形態向度上的關係。

米亥科夫（Mikhalkov）的《蒙古精神》中，除了紀錄片化的敍事模式引入特殊地域的文化經驗（殺羊、剝皮、生火、蒙古包宴客……）在具高度可意象性的地點（戈壁大漠、內蒙自治區），電影中還討論了世代並置的地域衝突（工廠與草原、遊樂場飛機與平野牧馬……）、種族的歷史涵構（漢族市集、俄國民謠裡的滿洲國、蒙古文化……）。地點與媒體的互動（電影海報、舞廳聲光、電視裡的成吉思汗部隊……）都指向社會與歷史實踐下的地景變遷，並從實質環境延伸到地景象徵意義。

在和九份有關的兩部電影中，《戀戀風塵》呈顯了封鎖在台灣

六十年代的特殊氛圍，一個沒落的礦區山城體現了地點感的兩種主要特徵：一是透過視覺方式而形成（由於九份具有高度可意象性且富公共符號意義的環境特質），一是由長期的接觸及經驗而聞名的地點（族羣因特殊社會歷史過程而形成的活動網絡），包括土地廟的小廣場、住家的走廊、窗口，甚至是山頭、梯道與鐵路小徑，都體現到（相對於當時的台北那個生冷而殘酷的都會）一種充滿意義與關懷的地方建構，隱含在台灣走向工業化的經濟發展歷程之中。而《無言的山丘》則將特殊的場所放回歷史情境之中，透過日據時代重現這些礦山、妓院、工寮。使空間呈現與殖民地文化整體複雜關係不可分離的社羣經驗。這種透過日常參與時空特定制度的實踐，是個人社會化與其所在社會結構的轉形過程。不同階級（礦工、妓院、老闆）不同種族（日本、大陸、台灣）不同性別建立了不同的場所意義，透過這些不同社會角色空間實踐，成功地溝通了當時住民的記憶與意義，呈現了動態的地域性感覺結構。

2.1

運動—影像
德勒茲的電影空間理論

零、前言

　　本文嘗試以德勒茲（Gilles Deleuze）在 1983 年出版的《電影 1：運動—影像》（*Cinema 1：The Movement-Image*）一書中所提出的觀點對電影空間的理論進行反省，從《反伊底帕斯》（*Anti-Oedipus*）到《千高原》（*A Thousand Plateaus*），德勒茲作為極重要的後現代理論家，嘗試在哲學的思維裡對傳統的表意論述提出中心主體的類型分析。（Steven Best & Douglas Kellner, 1991：112-115）

　　在《電影 1：運動—影像》中他將對慾望「疆域化」（territorialisation）「解疆域化」（deterritorialisation）「再疆域化」（reterritorialisation）之推論方式轉移至對電影形式意義的重建，從「框化」（framing）、「去框化」（deframing）、「再框化」（reframing）進而透過鏡頭—運動（shot-movement）與蒙太奇（montage）來重新定義影像的構成本質，從而將電影視為運動—影像的前衛藝術形式，他回顧並批評伯格森（Bergson）視電影僅為移動影像所構成的幻覺形式之推論。藉

由這些對電影構成形式的抽象思考，本文企圖深化電影空間認知的可能性，並在這些理論推演中構建空間與鏡位、空間與鏡頭運動、空間與蒙太奇的內在關係。

一、「框」與「框化」

德勒茲給「框化」下了一個定義：「對內含出現於影像中每一元素的封閉系統所做的決定」，從而描述「框」形塑了擁有許多部分元素〔可自成次組羣（sub-set）〕的組羣。在此，他認為「框」被視為資訊系統（information system）應比被視為語意（linguistic）系統合適。「因為構成這個系統的影像元素本身就是資料（data），所以「框」不免發展成兩種無法分離的趨向：一是飽和化（saturation），一是稀薄化（rarefaction），由於大銀幕與景深可容納大量獨立資訊的積累，因此導演必須決定框中主景與前後景的景深關係，也必須決定框中出現物件的先後多寡」（Deleuze, 1983：12）。因此，無論是飽和化或稀薄化，「框」意指著影像不僅僅可以被看，而且還可以有辨識（legible）的功能。德勒茲特別以高達為例，論及影像更進一步「教育學」（pedagogy）的功能，可以視「框」為一種具不透明表象的資訊，有時因飽和化而混濁不明，有時則減化（簡化）至全黑或全白的空銀幕。

「框」事實上建構了電影與空間關係的可能思考，影像的封閉系統中如何告示空間的訊息？如何呈現空間的意義？在不同導演的「教育學」中空間如何表態？在德勒茲的觀點裡，「框」作為地理或物理層面的思考是由建構的閉合系統所決定，他描述「框」的兩種電影空間建構的面向（Ibid：13–14）：

㈠「框」可視為平行或斜交之空間組構方式，此建構可使影像中的量體或線條達成平衡，或使其運動找到一種不再變動的狀

態。

　　㈡「框」被認知為動作中之動態構成。並且和場景密切連接，而影像、角色、物件填充於其中。

　　除了上述兩種面向在靜態與動態的區別外，「框」在地理或物理的面向還需依其系統局部之分離與重組過程來描述，他用表現主義為例說明以斜交或反斜交、金字塔形或長方形所構成種種不同形態，而且依此凝聚身體、羣衆、地點，光線與陰影也成為地理上的主題。如此而言，電影場景中的原有地景元素都成為「框」中的各種「框羣」，如門、窗、天空線、鏡子、車窗⋯⋯等，電影所建構的「框」與視覺空間的「框」產生了更多層次的對話，銀幕被視為「框羣的框」（the frame of frames），給予電影中那些應沒有標準的物件與空間一種衡量的標準（Ibid：15-16）。在德勒茲的敍述中，這種無法度量的距離、光線所形塑的部分完成了一種他所宣稱的成就：即「框」確保了影像的「疆域化」。

　　在此，德勒茲延伸了他在「反伊底帕斯」中，以「解疆域化」來描述資本主義與精神分裂的關係，將物質生產與慾望自社會性壓抑力量解放出來，而他將這種「解疆域化」或「解碼」的觀點用以宣稱「框」不但不是限制電影空間的藩籬，而卻是解放其多面向認知建構的可能。

二、「去框化」與「外場域」

　　在敍事電影（narrative cinema）的語用規則（pragmatic rule）之外，「框」其實可以傳達某些不尋常的視點，也就是「框」取決於「框化」的角度，這些視點可以是古怪的、矛盾的，在天空或在地面，甚至是歪斜的（如表現主義）。（Ibid：13）德勒茲引 Bonitzer 的觀點「去框化」來設計某些特殊的觀

點（與上述古怪或矛盾的視點不同）來說明德萊葉（Dreyer）在《聖女貞德》中銀幕邊緣所切過臉孔，甚至是小津安二郎的空和室、布烈松的《死域》（*Dead Zone*）、非連續空間（disconnected spaces），他以這些超越敘事規則的作品來宣稱形象的「辨識」（legible）功能超過「視覺」（visible）功能。但同時也揭示了電影空間的呈現不只偏限於視覺空間而是與影像中的敘事象徵有關。

更進一步地，德勒茲提出「外場域」（the out-of-field）的觀點來討論「去框化」更廣義的可能，他將「外場域」視為對無法看見或理解的主題之最佳表現形式，針對此表現形式的問題，「外場域」延伸了「框化」的兩種新觀念。（Ibid：16-17）

㈠視為「動態面具」（mobile mask）的「框」，因別組羣依賴此面具來溝通其延伸至更大更均質的組羣。

㈡視為「圖框」（pictorial frame）的「框」，孤立一個系統而自然化其周遭環境。

前者的空間與行動的總合超越框的限制，如向雷諾或侯孝賢，而後者則會限制局部，使其像織錦畫而非圖片或戲劇，如希區考克或楊德昌。

他甚至在討論電影空間的層面上提出「外場域」本身具有兩種的差異：一是關於透過空間中未見組羣的封閉系統的相對面向，二是強調新的未見組羣，甚至不再只屬於一組（並且是可見）秩序之絕對面向。前者視「外場域」為設計成的存在的他處（elsewhere）、另一方或附近（one side or around），但後者則證驗了另一種更令人困擾的出現方式，一種甚至不能說是存在（exist），而是「堅持」（insist）、「維持」（subsist），某種更激進的他處在均質的時空之外。因此「去框化」所建構的意義不是透過其語用的功能，而是透過其「存在的理性」（raison d'être）而決定。（Ibid：17）德勒茲認為此兩種面向會相互滲透，並使「外場域」將異空間性（the transspatial）和精神性（the spiritual）帶進這個從未完全封閉的系統（如巴索里尼或安東尼奧尼的電影）。

　　也就是說，電影作為從未封閉的空間系統，在視覺空間的語用邏輯外，電影空間證驗了某種更激進的空間存在形式，它並不是複製非電影的空間形式於電影場景中，也非創造了一個不存在或不可見的視覺領域。電影空間透過「去框化」所建構的意義應是在於創造前所未有也不可能窮盡的空間感知方式，而且若非在特殊導演的獨有影像風格形式中，這種空間感知方式就不會出現，也就是這種具異空間性與精神性的空間形式就不會出現。因此，電影空間完成了某種獨立於真實空間的認知與感知方式。

三、鏡頭運動

　　德勒茲認為鏡頭（shot）是應被抽象地定義在「框化」與蒙太奇的中間者，而電影意識是透過攝影機建構的，取鏡角度決定了觀點：人或物、人或非人、善或惡，或是透過這些不同敘事鏡位之不確定關係來再組串電影的整體。

　　「剪接（cutting）決定鏡頭，而鏡頭決定了建構於封閉系統的運動，運動關係到組聚不同的電影整體並表達了整體的改變或視野的改變，表達了歷程或歷程的連結，在此，鏡頭運動有兩個面向：一是它修飾了本身非動態組聚部分之間的關係。二是它表現本身即動態組聚之整體切面。」（Ibid：18-23）在這兩種面向的可能發展中，鏡頭運動延續了「框化」作為一種風格化的導演創意之可能，運動建構組聚部分在同一「框」裡，或建構不同組聚的關係於「再框化」之中，這種再建構的複雜而獨立的運動鏡頭，如德勒茲所稱之「大運動」（great movement）」就

如同導演的簽名一般地風格化了其電影作品，如奧森威爾斯（Orson Welles）或柯恩兄弟的特殊鏡頭移走形式。

　　這種透過鏡頭運動所建構的電影空間在德勒茲分析的「追尋鏡頭（tracking shots）」中有更進一步的討論；因為他認為其中攝影機有兩種運動狀態：一是運動體本身，一是載體（vehicle）的，諸如種種交通工具之移動。他以溫德斯的《道路之王》與《城中的愛麗絲》來作為經典範例，由其中引伸出「運動—影像」的兩種本質：一是移動中的普通物質，二是以動性（mobility）為其本質的運動，溫德斯公路電影中所出現旅行過程中不變換的地點、顯然是以後者為串連電影空間的意圖。

四、「運動—影像」與蒙太奇

　　德勒茲勾勒從電影被視為「運動中的影像（images in movement）」之原始狀態轉移至「運動—影像」的理論建構。在電影空間的塑造過程裡，一是透過攝影機的可動性，即鏡頭自身是動態的，二則是透過蒙太奇，即透過鏡頭的持續連接。但兩種形式可交互作用，用以發展影像的潛力。（Ibid：24-28）

　　他提出當攝影機固定時會出現三種空間狀態：

　　㈠由前方特定的觀點所定義，可變動的組羣與空間狀態並未溝通。

　　㈡鏡頭是由特定空間決定，指出一種「空間切片」（slice of space），從離攝影機之特別距離、特寫鏡頭到長鏡頭的運動，但並未從自身引伸自可動的運動體之特徵。

　　㈢整體對有深度的組羣是可辨明的，移動體在移經不同空間的鏡頭時各擁有其獨立性與自己的焦點。

　　然而當鏡頭運動與蒙太奇因其電影形式的複雜性而整合時，則將發生以下的各種情況：

㈠持續運動的攝影機創造了各種改變角度的、多觀點的角度。

㈡除了前者的持續運動鏡頭外，還有附加和電影內容相關的空間情境鏡頭（如《大國民》中兩個高角度推入窗裡室內的鏡頭所被安排穿過雨、霧和雷聲……）

㈢出現「序列鏡頭」（sequence shot），同時擁有各種「空間切片」，從特寫鏡頭到長鏡頭，整體性仍然存在，但這種狀態將會使電影的空間深度在疊合個別自主的平行切片中難以被察覺。

㈣「序列鏡頭」（儘管有許多類型）不再涉入任何空間深度或疊合。但相反地，回歸空間鏡頭到單一的「前鏡」（fore-shot）；行經不同的框，在此鏡頭整體帶回影像的完美平面性（perfect planeness），這種集合的複雜性正是「再框化」的意義，德勒茲認爲德萊葉的序列鏡頭是最佳例證，當然彼得格林那威從《繪圖師的合約》到《魔法師的寶典》的影像探索也是透過再框化來整合空間與「運動—影像」之重要作品。

五、電影空間的僞連續性

德勒茲將「僞連續性」（false continuity）視爲電影影像構成的中心特質，他認爲僞連續性「建構了開放的可能」（the open），建構了整體的行動，透過逃離部分組罿然而重新組構整體，而電影空間也可以作如此的推論，透過「外場域」、「他處」與「空域」的處理，這些開放的可能重建了影像空間認知形式的新視野。

空間的意識結構

從《美麗佳人歐蘭朵》到
《去年在馬倫巴》的認知疑旨

一、歐蘭朵──空間作爲意識結構的再詮釋

《美麗佳人歐蘭朵》全片中指涉一個疑旨的基調，不只是性別
的轉換，其實是階級與不同世代史觀的轉換，在這些轉換過程鬆
動傳統文本中對女性或異族、平民的歧視；但進入更深的意義乃
在於其所揭示意識認知的課題：我們不可理解任何事物的存在，
除非我們在理解這些事物的過程先經驗到自我的存在。人的存在
的絕對確定性作爲所有事物存在的條件，而且這種意識與事物的
關聯可作爲各種關聯的基礎。（ Merleau-Ponty, 1967：356 ）

對歐蘭朵這種金枝玉葉而言，分析性的反省和凡人相同地開
展於其對世界的經驗過程，然後就其不同於經驗的可能性條件返
回主體，並且展開所有可接受事物的綜合；到了這時候，它就不
再保留我們的經驗以及我們所給予的部分，取而代之的則是解釋
及重構世界的方式，因此無論昏迷七日後的性情性別轉換或回到
現代以騎電單車的女騎士作家出現，都可視其爲對其經驗世界的
再詮釋，對於女主角或女導演或女作家皆同。

這種觀點是笛卡兒式的：歐蘭朵的自我認知過程是按照眞實

的生活與活動變化的意識結構來顯現自身。然而，它必須認識給予主體的世界，世界擁有比反省運作更大的優先性，因此主體被給予他自身，實在必須被描述，而非被形式所建構（Merleau-Ponty, 1967：357－358）。如同那個龐然華麗的大英帝國釐定了我們對歐蘭朵的理解過程，也同時先於歐蘭朵的自我認知過程而存在。

　　界於意識與事物的關聯，《歐蘭朵》一片中的電影空間突顯了這種自我角色的認知與混淆的過程：從開始空曠草原的樹下到奔回的貴族豪宅，從英格蘭侈靡帝國的國宴會場到印度空蕩的皇宮，從鏖戰的壕溝到葬禮的密林，從霧中從未來傳出的火車飛機聲到騎電車經過的現代公路。在敍事的鋪陳中推演歐蘭朵開展其對世界的經驗過程。

　　最令人印象深刻的，當然是巴洛克式的豪宅與庭園，在所有和瑰麗道具戲服一樣繁複的空間裡，隨著片中角色在每個場景調度近乎矯飾的儀式性活動，空間扮演了近乎嘲諷這些繁文縟節的角色；一如巴洛克花園中的迷宮作爲建築史中空間設計者展現其知識對空間的絕對宰制而彰顯設計者的主體性意圖，歐蘭朵在拒絕公爵的求婚之後，奔入迷宮的樹叢中，由其疾走的身體與意志之不斷轉化，以平民的裙服換下貴族的盛裝，得到自身的解放，迎向愛情的擁抱，在這種空間的影射中，取得歐蘭朵自我認知的主體性。

　　而爲了強調四百年的歷史變遷，藉著歐蘭朵受封的豪宅之景園變遷來作爲空間的隱喻是顯而易見的，如宅院前置的四株樹木，從古代的錐形剪成現代的咖啡杯形狀，如金碧輝煌的室內陳設變成裝置藝術的白布覆蓋形式。這些空間的變遷和歐蘭朵的角色有著緊密的對話：從男裝到女裝的繁複裝扮到穿皮衣的電單車騎士，皆可視爲其意識結構重新解釋轉化世界的方式。空間強化

了這種笛卡兒式的質疑與回答方式。

二、《去年在馬倫巴》——空間顛覆意識的本質

《去年在馬倫巴》對空間的陳述則比《歐蘭朵》更為激進，在影像的縝密經營裡《去》片不僅著墨於空間指涉角色自我認知的意識結構，更進一步，亞倫雷奈勾勒了一個電影空間形象的經典視野；即是對空間意識的質疑，他不再只是尋找「空間經驗是什麼？」，而是要尋找「是什麼使經驗成為可能？」。知覺的自明性並非充分的思想或必然地自明。空間也應非我所思考認知的那個空間，而是我「生存」於其中的空間。（Merleau-Ponty, 1967：366）

透過劇中男主角對女主角的說服過程，找尋共同記憶的過程，我們發現：尋找意識的本質將不在於發展意識的內容以及逃離存在而進入事物所勾勒的領域，而是重新發現給予自身的「我的現實呈現」以及「意識的事實」；只有在追問去年可能發生的情事時，今年的事情才能呈現持續，至於去年是否真的發生反而在敘事意義上變為次要的子題，追問本身才是意識呈現的主體。

如果我們想以某個「標準」來區分敘事的知覺與夢想，我們將忽略當下的現象。因為如果我們能夠談到「夢想」及「真實」；又會煩惱「想像」與「真實」的差別；並且懷疑「真實」，這是因為在任何分析之前我們已做了區別。（Merleau-Ponty, 1967：366-368）因此留意其影像過去細節的種種描述，比這些情節的真偽更為切題。尋找知覺的本質乃是宣稱知覺並不是一種假設的真實，而應該是「通向真實」（access to truth）。因此如果我們嘗試在影像之中尋找一種創造性的思想，而它得以具體化這個世界的網路或徹底地開啟了它；因為觀眾對於世界的經驗往往是「信仰式」的依賴（正如《羅生門》中黑澤明所嘗試顛

覆的影像經驗）。而《去年在巴倫巴》告訴我們的不僅是影像可能會說謊，我們也無法辨識其真僞，空間成爲唯一的證物，而且是意識的證物。

　　巴洛克的建築與花園是建築史中重要的空間類型；擺脫中世紀以來歌德建築臣屬謳歌上帝的角色，也不再如文藝復興與矯飾主義（mannerism）專注於以人的精神與身體重建宇宙的秩序，巴洛克的設計展現了啓蒙時期與殖民時代以來帝國對世界統治的態度，亦即是人類展現了其主宰世界的藍圖，這種空間化的征服意識反應到繁複雕琢的建築形式與花園軸線放射的規範自然手法；在《去年在馬倫巴》一片中這些巴洛克地景被導演在鏡頭游移中反覆展現引用，並在類比成謊言的影像中，將空間的記憶進而轉化成嘲弄意識的主題。

　　隨著片首鏡頭緩慢持續的遊走與喃喃的旁白，那棟裝修精美的巴洛克豪宅、花園中的水池樹影，甚至是牆上的繪畫都比故事中的人物更像主角；刻意調度的人物走位與象徵式的音控手法，使人和華麗的傢俱都變成附屬劇情的道具。

　　不斷詢問、質疑、猜測的男女主角對話與始終沒有定論的情節發展，使得觀衆甚至無法辨識那些畫面是真實還是想像，那些是杜撰那些是真實的回憶內容，而鏡頭盤轉於具象徵性意義的羅馬神話石像，比停留於人們的鏡位更寫實逼真，彷彿所有出現的人們都是虛構的，不管是在去年或在今年都是虛構的，只有巴洛克的空間是真實的，那個最有名的停格畫面：人有影子而樹沒有影子，即是清楚地告訴觀衆，我們所閱讀到影像中的景物，是一種應被質疑的意識過程，而不是真實存在的空間形象。

三、空間與意識的相互指涉

　　在《歐蘭朵》與《去年在馬倫巴》裡所討論的空間與意識，並不

是說可以用某種空間來複寫人類的意識，也不是將空間作爲指派給意識的目標。這問題的討論是關於「認識意識」自身作爲空間的相互指涉內容，意謂著空間既不佔有也不接受意識，而是趨向將它視爲永遠的指示。空間作爲認知前的存在物，卻要在影像所建立的意識過程中才能賦予眞正的意義。《歐蘭朵》呈現了空間意識的賦予及發生，而《去年在馬倫巴》卻宣告了空間意識的虛幻與不可信任。

場所精神靈

《龍貓》的高度可意象性

　　十九世紀，由於牛頓古典物理學的成功，使人類對原本曖昧不明的世界開始深具信心，當時自然科學是完全決定論：視人為被決定的存有，依循明確的因果關係，認為人類心靈的創造與感動，僅是物質的附屬現象。在這種唯物論與實證論的觀點之下，科學、技術與經濟上的成就日益顯著，宗教、道德的影響力逐漸式微。一直到了十九世紀後半期，檢討與反省的思潮慢慢開始出現：同時期的非歐幾何與量子理論帶動自然科學由古典過度到現代，導致了世界思想界的劇變。因此現象學在這樣的知識背景中扮演了承先啓後的角色。

　　現象學中最具啓發性與前瞻性的中心論點，標明要排除一切成見、偏見、科學的預設來尋求全新的途徑，洞察完整的經驗現象，使經驗不受任何曲解，以事物之本質的方式呈現。而這些現象學的中心議題正是《龍貓》片中，藉由一對姊妹的童稚之心所呈現之經驗世界過程，透過小孩對田野的場所經驗與對童話角色的傾慕而創造出來的意識世界，所有「龍貓」的國度與法力都在這些純粹的「意向」中才能完整的展現，成就了這個魔幻寫實的情節與空間。以下將提出幾個現象學的概念更深入地探索《龍貓》的

空間意涵：

一、場所精神靈（Genius Loci）──龍貓作爲空間守護神

「場所精靈」（或場所精神）是羅馬的想法。根據古羅馬人的信仰，每一種「獨立的」本體都有自己的靈魂（genius）、守護神。這種靈魂賦予人和場所生命，自生至死伴隨人與場所，同時決定了他們的特性和本質。這種重返過去靈魂的想法和希臘神性（daimon）指出的是：古代人所體認的環境是有明顯特性的，尤其是他們認爲和生活場所的神靈妥協是生存最主要的重點（Noberg-Schulz, 1980），如同中國古代傳說中的「山神」、「海龍王」、「土地公」或「大樹公」之與聚落發展中住民記憶的關係。人們生存所依賴的是：一種實質與心理上皆有寄託的場所。

雖然片中那對姊妹的父親並未見過「龍貓」，但在姊妹第一次描述它的形貌與住地後，就認爲龍貓是「大樹的主人」，他們的住屋與村落皆是受到主人的庇護，而且這個主人（守護神靈）並不是每次都見得到，因此能遇到的話是十分幸運的，便帶著他們到樹前正式地行禮。兩龍貓夜半帶小孩作法讓樹菓一夜長成大樹及幫助姊姊在天空找尋失蹤迷路的妹妹，並完成將玉蜀黍送給醫院媽媽的任務，在劇情細緻安排下，扮演著整個「家」的守護精靈角色，甚至可以視爲是「大樹」、「村落」總體地方的守護之神。

在羅馬之「場所精神」的思考中，精神（genius）表示的不只是一個具體的神祇，而更意指著「物之爲何」（what a thing is），用康德的說法是物所「意欲爲何」（wants to be），（Noberg-Schulz, 1980：1-28）如古埃及不僅依照尼羅河氾濫情形而耕種，甚至連地景結構也成爲公共性建築平面配置的典

範，象徵永恆的自然秩序與人的安全感。

在《龍貓》作為「場所精神」的過程中，不僅是完成了守護神的角色，其實是保存了田野生活的本質，透過童真的眼光將生活的現象詮釋為屬於土地與景觀的藝術，這是日本戰後所面對都市問題之污染和環境危機報應中，對於自然與場所（place）鄉愁的深切渴望。除了情節裡村中黃髮垂髫，怡然自得的桃花源式場景，《龍貓》的「大樹」實揭示了對完整日本傳統地方意象的凝聚。因此龍貓不只是故事中那對姊妹的守護神，更可能被引申為整個村落甚至整個迷戀「豆豆龍」的日本所期盼的場所精靈。

二、地點感（sense of place）──大樹的高度可意象性

「場所精神」保存了生活真實性的過程，使人在生存的環境中免於失落感的恐懼，在現代主義後興起的都市或景觀規劃往往依照某種功能性的組織，將空間拆散連接成各種不同名字的異化地區，和原有的自然環境失去適切的連結，因而往往使人們在這些地方意象的消逝過程造成失落感。

在《龍貓》的故事裡，提供了場所的「高度可意象性」，提供了明確的認同，動人的結構和環境中非常清晰的心智意象。在片中，龍貓居住的大樹是構成空間結構的具體元素，具體的「物」，具有「特性」與「意義」，在樹所形成場所的體驗過程，即使是關於環境中點點滴滴的事物都是為人所熟悉。（大樹旁的矮樹叢，令人迷路，草坪上樹菓苗圃在夢中一夜成林，偶有偶無的樹洞下住著愛打瞌睡的大龍貓，樹梢在月夜裡可供眺望，風的吹蔭而過意味龍貓的大展法力與飛行的徵兆。）

這種對地點的認同過程，意謂著「與特殊環境為友」，北歐人口和冰、霧、寒風雪為友，阿拉伯人和綿延不盡的沙漠和炙熱的太陽為友，黃河流域的住民則將黃土地與濁黃的大河，風沙當

成生命中的重要意象，這種認同感是歸屬感的重要基礎，而《龍貓》中的「樹」提供了這株尺度巨大的場所象徵物，也就是提供了這種地點感的重要母題。

三、意向性（intentionality）──夢想與真實的還原

「意向性」是意識的本質，透過分析意向（以意識自身以外的某物為對象），才能發現意識自身，更準確地說，意向性能將具有「自明性」（self-evidence）的客觀事物呈現。主體在過程中並賦予客體意義，是為「意向化」（intentionalization）作用。

如果我們可以考慮現象學中重要的「意向化」概念，即相信所有的意識都是相對於某事物的意識，但只有經由「還原」它才能夠被理解。（Merleau-Ponty, 1967：356-374）那《龍貓》劇中一個重大的疑點則可以有更深刻的詮釋，即是「龍貓究竟存不存在」或是「龍貓是否只存在於孩童的想像裡？」或更進一步地問「在劇情的敘述結構中，龍貓是否和真實世界是區隔的，屬於另一個世界？」如果我們不將劇情最後玉蜀黍送到醫院窗口的結局作為豆豆龍實存的證據之唯一解釋，或許我們更應關切地問：在擁有意識的狀態，我們是以什麼「標準」來區分人的「知覺」及「夢想」？

如果作為觀眾的我們能夠談到「夢想」及「真實」，又會煩惱「相像」與「真實」的差別，並且懷疑「真實」，這是意味我們在任何分析之前已做了「區別」，因為這種「區別」緣自觀眾「真實」的過去經驗，這種懷疑，是因為害怕被誤解，所以當它給予我們揭露「疑點」的能力時，我們馬上對劇情結構加以檢證，在這種尋找線索的過程「通向真象」（access to truth）是最重要的假設。然而如果我們尋找的是一個創造性的思考，它得

以具體化這個世界或徹底地開啟了它，那結果將如梅洛龐蒂所揭示的：不是尋找「經驗是什麼？」，而是要尋找「是什麼使得經驗成為可能？」。

當「意向化」作用，使「意識」本身作為世界投射的目標。這意味著世界既不佔有也不接受意識，而是傾向於將它視為永遠的指示，因此這個世界（或場所或龍貓）將作為前客觀化的個體。由於意向性的廣泛概念，現象學的理解不同於傳統的思維作用，龍貓的存在，大樹、村落場所的存在是有自明性的，當人們的意識作用時，則會干擾尋訪龍貓的過程，使龍貓的存在與否成為戲劇結構上的疑慮。

胡塞爾區分了兩種意向性的詮釋：一是行動的意向性（intentionality of act）以及操作的意向性（operative intentionality）。（Merleau-Ponty, 1967：356-374）行動的意向性是指當我們提出一個立場時，那是我們的判斷與理由（即故事中的父親解釋龍貓存在的方式），而操作的意向性是產生世界和旁人生命的本性及兩者前於敘述的統一，它在孩童的意慾、期望、以及觀察的視域中明顯地呈現，而且比客觀的知識更加清晰。一如片中姊妹透過童真的心靈所與龍貓發生互動的種種過程。在「意向化」的理解裡，龍貓與龍貓法力所縱橫的國度都成為電影中觀眾最重要的意識對象。

四、「定居」（dwelling）──老屋、大樹、貓公車的顯靈

海德格試圖對定居（dwell）進行思考：㈠當人們說：「定居」對我們通常想及人從事某種活動，並隨之想及其他活動。我們不單單居住──這在實質上將不只是活動──我們仍從事某種職業、生意、旅行……。㈡更深入而言，定居意指 bis「我在」（I am），「你在」（you are）──「我定居」（I dwell），

「你定居」（you dwell）──人類在地上的方式就是 buan「定居」（dwelling）。㈢古詞 bauen 意謂只要人定居著，同時還有「珍惜」、「保護」和「照料」之意，尤其是耕耘土地栽培，照料它生長並按照其願望成熟結果。（Heidegger, 1971：145-161）

如同海德格以「黑森林」的農舍爲例，描述著二百年前定居農民修建，主導房屋的是讓天和地、人與神共同進入「物」之渾然整體狀態的那種自足力量。《龍貓》是以一家人搬入一個古老而充滿傳說的老農莊爲開始，所有重要的空間內容包括老屋（屋中有傳說中的小黑點）、大樹（守護神龍貓的駐地），學校、醫院（孩童願望的邊緣）、和一望無際的農田、綠蔭、小徑，充分呈顯了這種「安居」作爲人類「存有」的狀態。

也如同以「橋」使大地在河邊「聚集」爲地景，致使一個地方（place）顯現出來，而不是將橋視爲一件簡單的構造物，或僅是橋預先達到一個地點，矗立於該處，《龍貓》中的「樹」（既有的巨樹或是夢中激長成蔭的苗圃樹菓羣），「老屋」（藏有許多呈現生命訊息的場所），皆是這種顯現地點的空間母題。尤其是貓公車，在情節的精緻安排中，以其自身的方式將蒼天、大地、神靈（龍貓）、人們向自己聚集，它的出現與奔馳於夜空、田野、樹梢，與入夜的森林、迷途的小妹旁、醫院外樹蔭上的停留，揭示一個總體的村莊地點，將空間的空彌補了場所的意義，並使空間的意義與人的意義作更深刻的連結。

五、場所的自我呈現

人類眞正的定居（dwelling）困境在於人類總以新的方式尋求定居的性質，而人類早就學會定居，而這種心靈上無家可歸的局面乃在於自己甚至還沒有把眞正的定居困境視爲困境。《龍貓》

在整個影像建構的神話與場景裡「還原」了這種具自明性的意識狀態。重新發現並給予人類「場所的自我呈現」以及「意識的國度」，可以作爲透過電影空間的思考對場所與定居意義的重新反省。

2.4

鄉愁

《新天堂樂園》與《老人Z》
中的場所經驗

一、場所的特質

在 1678 年「鄉愁」（nostalgia）一詞由一位瑞士醫學系學生所造出，用以描述一種如被不眠症、食慾減退、心悸、恍惚、熱病等徵兆所擾的疾病，特別是持續性地思念家鄉。對於十七及十八世紀的醫師而言，這是一種如果病人不能返家時足以導致病人死亡的疾病。（Relph, 1976：40）

「鄉愁」提示了「場所」對人的重要性：根本上，每個人都會意識到有過特殊動人經驗的場所，和我們出生、長大、生活內容的認同及其安定之動力泉源，亦即使人們能感知到其在世界中的定位。鄉愁，甚至在塔考夫斯基的電影中成為一部作品的片名，以一個荒廢的教堂為場所的象徵來指涉跨國文明（意大利與俄羅斯）的共同懷舊主題。

由於「場所」聯繫人類的經驗意識，因此它往往成為行動和意向的中心，也是「我們存在中經驗到有意義事情的焦點」，唯有在特定的場所脈絡中，事件和行動才具有意義。因此以場所作為對象，場所基本上具有固定的位置及可資辨認的固定形式。

（Relph, 1976：40-41）

在資本主義的社會，空間成為流通商品或再生產的機制，場所往往面臨了湮滅的危機，如果場所的神聖性與永恒意義不被重視，族羣與場所的關係及其依屬的效應逐漸鬆動，儀典、風俗與神話則出現變化，當儀典與神話失去了意義，場所將會成為可變而短暫的。

二、場所的構成要素

場所的經驗常是直接的，完全的，而且經常是無意識的。因此對呈現明顯多樣性的場所而言，我們對其形成自明性（identity）的元素來分析其被經驗到的內容，這些元素都不能化約成另一個元素，但卻是不可分的，包括：

㈠物理環境：即靜態客觀觀察中的天然物與建築環境元素內容。

㈡活動：為環境背景圍繞的行為、慶典、儀式等總體生活內容。

㈢意義：人的意向與經驗的特殊內在特質，場所的意義也許根植在物理環境、物體與活動之中，但意義並不是它們的性質，而是人們掌握自己的複雜、隱晦、轉移過的內在價值。（Relph, 1976：44-62）

物理環境、活動、意義總是相互關係著，在它們所認同的物理、生命與心靈的行為要素中，他們可能形成一共同結構的系列辯證。物理環境和活動相互聯結而給人類內在功能循環的同等位置；環境和意義的聯結在此地景的直接情感經驗之中；活動和意義則聯結在許多社會行為和參考物理背景的共同歷史之中。這些辯證都在場所中相互關聯著，他們之間的融合建構該場所的自明性。物理表象、活動和意義是場所自明性的內容，而他們之間辯

證的聯結是依自明性的基本結構關係而進行。

三、《新天堂樂園》中的場所

　　整個故事是透過男主角的眼睛開展的，雖然《新天堂樂園》在物理環境中僅是義大利小山城裡一個設備不良的老戲院，但整個廣場與戲院卻容納村落中最重要的休閒活動與宗教儀式、慶典等等內容。

　　我們隨著導演描述的場所傳達出臨場感覺，並給予那場所意義，激發我們本身的想像的能力。廣場是母親擰著多多耳朵一路罵回家的路徑，也是他跟蹤初戀情人的必經地點；是村民討論彩券中獎與否的所在，也是青年從軍的集合處；是羣眾忘情地等電影看電影的場所，更是村人葬禮必然安排的繞行地道。

　　戲院裡則容納了各種年齡（入戲地哭泣的老頭、四處奔遊的小孩）各種階級（穿著講究的富翁和流浪漢、工人一起忘情地注視著銀幕）各個變遷的時代（從早年的黑白默片到彩色的愛情悲劇及恐怖片等等……）的活動內容。

　　對男主角多多而言：山村的城鎮場所經驗提供了其生命歷程的見證（從初戀的萌發到幻滅、學習操作放映機過程的困難到熟悉）。整個場所對其終生走向電影生涯的人格成長有了決定性的影響，我們隨著鏡頭進入了這個場所分享了他的人生經驗，及場所對他的意義。

　　就環境與意義的聯結裡，對此地景與城景（戲院、廣場與整個山城）不僅是影響多多個人成長的歷程，更甚者是透過整個場所建構了多多對世界理解與感覺的方式，他對生命的降臨與謝世的直接經驗、對感情執著與漂泊的過程。

　　活動與意義的聯結使場所不只被視為概念和位置，或只是其他活動的背景，人和場所不再是分離的；義大利於戰爭中的變遷

或經濟發展的城鄉經驗都是其場所與集體意義互動的深化過程。

四、《老人Z》的場所

　　整個《老人Z》的喜劇節奏是十分沈重而感傷的，一如大友克洋以往的作品，科技與機械的過度發展（如 *AKIRA* 或《迷宮物語》中的工事中止那段）來呈顯人們的無奈與渴望。

　　片中這位被選中作為電腦實驗的老人Z，事實上是資本主義過度發展後所有老人的縮影，已失去對社會有所貢獻的能力，被現實放逐到老人院寂寞的白色大樓裡，依賴著年輕護士小姐的善意而活著。

　　整部電影雖環繞著一個第五代電腦的離奇出軌與追逐的過程發展，但老人心裡最後的願望中那張海濱旅遊的老照片變成故事隱含的主題，工業文明與機械時代的蓬勃而引發對過去人事全非的鄉愁，使海濱的地景變成了主要的場所經驗。

　　這張老照片不僅是提供了靜態的環境元素，而且容納了老人生命中的幸福時光，和妻子同遊的過程，甚至是那時候的總體生活氛圍（包括穿和服的女性，老歌謠……）。

　　對晚年鰥居的老人而言，照片中的海邊遊踪是其對自己淒涼晚景唯一的溫馨慰藉，這種由於個人特殊經驗涉入而產生的場所意義，呈顯了人的意向性之內在特質。

　　環境與意義的聯結揭示了過去日本經濟起飛的過程，溫泉與海濱變成日夜工作的勞動力主要的休閒地緣，而且是家庭與個人可以得到舒解並留下美好回憶的場所。

　　活動與意義的聯結則指出我們每個涉入這場老人Z風波的人，都和他一樣地需要在共同的歷史記憶中找尋自己溫馨的慰藉，場所透過海濱旅遊的老照片發言，訴說著其深化的集體意義。

五、場所

　　從個體經驗的觀點共享的社會經驗而言，我們無需透過反省，便可直接感知到場所是活生生的而且具有動力、充滿意義的。場所的自明性不是能夠被簡化而表現在簡要的事實描述中，正如我們對這兩部電影中「場所經驗」的涉入，並非如飛行員、卡車司機所到的城市印象，停留在與意識毫無關連的描述，而是隨著兒童多多或老人Z深入地回到他們愛戀難捨的場所、回到他們意識到場所的過程，更甚至是他們感受到生命經驗的方式。

　　隨著影像重新找尋場所（或說是找尋自我）的過程，或許在這個異化城市充斥的文明時代裡，電影空間的場所經驗應該喚回屬於現象學思考向度的鄉愁。

附表

構成要素及其聯結關係	場所的構成要素及其聯結關係的描述	場所構成分析的範例㈠《新天堂樂園》	場所構成分析的範例㈡《老人Z》
物理環境	（靜態客觀觀察中的天然物與建築物等環境元素內容）	義大利某村落中的一個戲院及其廣場	記憶中老夫婦曾前往度假的海邊景像
活動	（爲環境背景圍繞的行爲、慶典、儀式等總體生活內容）	村落中最重要的休閒活動聚點（看電影、老朋友聚會、小孩遊戲……等活動）	老照片中記錄老人當年和妻子幸福的在海邊共享美好時光的活動內容
意義	（人的意向與經驗的內在特質）	戲院、廣場和老人成爲導演多多童年喜歡憂傷的主體記憶及生命意識的形成過程	對晚年鰥居的老人而言，照片中的海邊遊踪是其對自己淒涼晚景的溫馨慰藉。
環境的聯結與意義	（在此地景與城景的直接同情經驗）	山村的城鎮場所經驗（等女友的深巷、放電影的廣場牆……）對主角的衝擊與改造歷程	海濱與溫泉等的休閒地緣是終日繁忙於都市的日本人攜眷留下的美好回憶的場所
活動的聯結和意義	（在社會行爲與參考環境背景的共同歷史中集體意義的深化）	義大利於世界大戰前後城鄉發展（包括生活史與電影史的共同變遷）對多多的總體影響	後工業時代的來臨高度都市化與人際關係異化的日本，被社會淡忘的老人所希望找尋溫馨往事的慰藉

地點感與感覺結構

以九份的《戀戀風塵》與《無言的山丘》爲例

一、無地點感

台灣走向資本主義的過程，已慢慢陷入此種空間與環境的難題，和全世界所有的當代文化走向資本主義的過程一樣，陷入「無地點感」（Placelessness）或對界定地點的無力感。在高度工業化的資本主義國家裡，過去的地點死亡，特殊的政治經濟發展過程中往往造成了更多地點感的不眞實形式。這種困境宣告了對本土特殊文化的漠視，而且輕易地談論「鄉愁」作爲人們在眞實場所失去後最後的慰藉。其實這種「無地點感」意謂了「地點的疏離」，它普遍地構成了人類對地點（包括家庭、住羣到城市）無法改變的疏離感。

在現代資本主義之下，任何地點感形式的範圍已然改變，地點感經常只是貧乏地結合對地點所僅僅維持的意義與記憶，但往往在社會形塑過程的空間分派角色中被淡化而模糊，而被制度的規則與結構所取代。

本文將以現象學取向所提出的「地點感」和艾倫普瑞德（Allan Pred, 1983：45-68）所提出更進一步「感覺結構」

（Structure of Feeling）的觀點，用心分析九份這個老聚落為何變成現時人們所關注的懷舊地點，並以電影《戀戀風塵》與《無言的山丘》作為九份身世的寫照，揭示這個「具高度可意象性」的地點，對生活於都會裡無地點感空間的人們所具有的深刻意義。

二、九份的「地點感」：《戀戀風塵》

「地方」（place）不只是一個客體（object），雖然相對於主體來說，它常是一個客體，但它更被每一個個體視為是意義（meanings）、意向（intention）或感覺價值的中心；而且是一個動人的，有感情所附著的焦點。一個令人覺得充滿意義的地方。（Ibid：45-50）

現象學的觀點強調：經由人的住居及經常性活動的涉入，經由親密性及記憶的積累過程；經由意象、觀念及符號等意義的給予；經由充滿意義的真實經驗、認同感與關懷的建立，「空間」（space）及其實質特徵於是轉形為「地點」（place）。

地點感的形成可區分為兩種範例：㈠透過視覺方式而形成；㈡經由長期的接觸及經驗而聞名的地點。就前者而言，地點感的獲得來自外在的知識：從看到物體「高度可意象性」並可以洞悉「美感」或「具有公共符號的意義」，可以真實地表現了公共的生活、渴望以及價值觀。而就後者而言，地點感導源於內在熟悉的知識；導源於「在一個實質環境中關懷的範圍，人羣裡相互關懷的網絡」；導源於情感緊繫的物質環境以及意識可覺察到的環境認同感；導源於長久經由聽覺、嗅覺、觸覺所強化的親切的關聯性；導源於「連續發展、而快樂的慶祝活動」這些傳統得聚落居民的關係：亦即導源於「環境的整體經驗」。（Ibid：50-52）

在台灣因快速經濟成長而走向資本主義的過程中，相對於那

些陷入「地點感」城市或快速變形的鄉村，九份揭示了一個充滿歷史記憶的傳統聚落。對於台灣的人們而言，它提示了「無地點感」第一種範例的「高度可意象性」，九份的老舊山村地景變成了生活在疏離空間的人們共同的希望，暗示著一個由記憶積累而成的場所意象。這種意象也變成是廣告、MTV 所捕捉的懷舊影像最佳的基地。

　　第二種範例的「地點感」在九份也是顯而易見的，由於九份現有住民多是礦工眷屬及後代，形成了極為親近的住羣關係，所有的活動場所幾乎都存在著共同記憶的網絡，加上原有聚落居民的子弟戲、廟會及多樣化的生活交集，構成九份特有的整體經驗。

　　《戀戀風塵》的故事是六十年代末期的九份，在侯孝賢特有的影像節奏裡，整個礦區的山城彷彿在畫面裡經營了某種淒清的鄉愁，由阿遠與阿雲兩個九份年輕人成長的記憶所賦予整個感覺價值的中心，連接到一個逐漸消失的年代，那個年代的氣息與地點感。

　　相對於台北疏離的城市空間，《戀戀風塵》裡幾個九份的場景是「地點感」最好的範例：

㈠阿遠的家

　　阿遠的家靠小廣場的窗口前的小走廊有張桌子，是所有感覺經驗的中心；父親對阿遠的沉重囑咐，母親打著小孩，祖父餵孫兒吃飯，整個關於「家」的意義都在這個窗前的小走廊中凝聚起來。

㈡土地廟前的小廣場

　　在廟前放電影給神明看，村人聚集議論與聊天，父親老輩們

談著罷工的事，另一堆是阿遠年輕輩們說著在台北工作的問題；
白天時小孩在廣場遊戲，大人在廣場旁家裡門口擺神桌祭品拜
拜；在整體記憶中形成更深沉，更象徵的重要意義，小廣場的地
點感是透過住民公共生活涵構所建立起來的。

(三)蕃薯田前面對著遠方景觀

　　阿遠和祖父打赤腳正要除著薯草，一老一少坐在埂上看著遠
方，阿遠掏出煙幫阿公點著，靜靜抽著煙，九份的霧慢慢掩了上
來，掩蓋了村子與祖孫兩人。這個劇終的鏡頭完美地呈現九份的
「地點感」，呈現某種非歷史的、純粹的地方意象，彷彿無論時
事過往，這個場所永遠會有人抽著煙，老人與少年代代相傳下
去。

　　在侯孝賢特殊的非敘事性戲劇形式中，所有觀眾情緒不易找
到一個直線性的劇情連繫過程，沒有蘊釀、強化、衝突而回歸和
諧；反而在片斷的影像中塑造一種較近真實生活的節奏生活經
驗，這種把主題用生活的細節，似相關不相關的交織而出，倒是
經營出現象學式的「地點感」，空間場景不再是情節鋪陳起落的
舞台背景，卻在畫面的氣氛中呈顯出「場所」與「意識」的深刻
互動，凝塑出九份那種沉緩的步調。

三、九份的「感覺結構」：無言的山丘

　　感覺結構的特定歷史表現是企圖對文化進行分析，進而企圖
揭開（全體或一般的）組織的本質（指相互關係的複雜性）；而
這種組織的本質，只能經由真正的生活經驗才能被獲知。同時，
感覺結構意指在特殊地點和時間之間，一種生活特質的感覺，一
種特殊活動的感覺方式，混合了思考和生活的方法。它保留了對
個體經驗變化的斟酌；也是內在知覺過程的結果，這種生活的特

殊感覺意指著特殊本土風格的清楚感覺，即是一種幾乎不需特意
表現的特殊社羣經驗。「感覺結構」在概念上比「地點感」更清
楚地知道社會及歷史涵構對個人經驗的衝擊，「感覺結構」不再
如「地點感」被描寫成主動心靈的產品，它不會把自我的成長，
意識的交替及意識形態的中介從整體之中抽離；而且往往被視爲
民族、地方文化等等整體複雜關係中不可割的形成過程。
（Ibid：56-60）

　　九份在考慮其既定的處境以及個體和集體的社會演變（淘金
潮的盛衰，殖民政權的移轉），其感覺結構的形成過程應分爲兩
部分討論：一部分必須回到特有歷史時勢裡「時間／空間」之制
度計畫的交點上，也需要其他同代同階級生活途徑的交點，包含
共同交集的器物形象（如礦工工寮、礦坑鐵道、家具和機械設
備），另一部分則必須追逑這種形成「感覺結構」的生活途徑，
是暴露在印刷文字、影像等種種媒體中，透過某一套非眞實生活
經驗的符號系統來追憶感覺結構的存在。

　　九份在日據時期是由日本「內地會社」（日本殖民母國內的
本社、財閣）藤田合名社會取得礦山礦權，經過早期台民以土法
煉金方式的階段後，引進大量生產的開礦技術（較進步的方式包
括：鑿孔、炸岩、立柱、採脈）。在這種資本企業經營之下，設
置事務所於礦區中心土地公坪，並設水車間集中煉製與氰化搗礦
廠，又爲了提供搗礦製需動力，又建立水力發電廠，逐漸奠定了
礦山的規模。而從 1896 年到 1918 年這段九份採金史上的藤田組
時期，說明了在當時日本帝國主義經濟的體制中，殖民母國的內
地資本大量深入台灣的產業，取得資本、技術及經營上絕對的優
勢。加上殖民政府在軍隊與法律上鞏固了統治的基礎後，台灣的
社會是完全被納入生產體系中；傳統的生產方式被徹底改造（如
米、糖業的興起、技術採金取代挖掘式的開採方式），社會分工

產生變化（台民多淪為低技術高勞力的奴工），社會結構被重新組織（社會地位深受與殖民政府關係的互動而定），形成了全新的支配性生產關係。（張興國，1989）

　　在《無言的山丘》裡透過影像敘事所重新建構的九份是在這種特殊的歷史時代呈現的感覺結構，所有劇中的場景所呈現的社會及政治結構對個人經驗衝擊，不再如「地點感」僅被描寫成主動心靈的產物，而且往往和這些礦山、妓院、工寮中的空間實踐相關，被視為與殖民地的文化整體複雜關係中不可分離的社羣經驗。

　　考慮回到片中特有的歷史時勢中來討論其感覺結構的形成過程：從《無言的山丘》裡主要的幾個場景來分析當時體制與劇中特殊個體角色的社會實踐。

㈠礦坑

　　那些來自台灣各地（甚至從大陸過來）前來編織淘金美夢的投機移民，改變了農業生產的生活方式，投入暗無天日的礦坑，出賣自己的勞力並承擔生命隨時可能遭遇的風險。礦坑重建了當時特殊產業人們的生活歷史片斷：勞動工人的意識狀態（無法適應在坑道黑暗中工作的弟弟）、種族歧視（日本官僚對台民勞工的輕蔑）、台灣礦工反體制的個體與集體實踐（憨溪在上工時玩色情玩具或集體反抗日本人的搜身）。

㈡日本官僚的事務所及公館

　　井然有序的事務所陳設與所有職員肢體動作的一致性，透過一對台民兄弟礦工的觀點來突顯勞工與資本家、殖民地與殖民母國之間的尖銳區隔；礦長公館裡高貴的家具、留聲機裡柴可斯基的交響曲與優雅的院落景觀強化了階級的顯著優勢，而深具心機

的礦長被刺殺的過程則強烈地反諷這「優雅」場所在特定歷史時
勢中的醜陋險惡與多重意義的衝突。

(三)妓院

　　妓院是全片中最具深度的場所，在這裡所形塑的「感覺結
構」隱含了多重意義的疊合與矛盾：鴇母對妓女的期望與壓迫
（另一種行業的勞資衝突）、妓女與礦工的關係（可視同爲被時
代所折磨的身體）、鴇母與老闆對日本礦區體制的態度（被宰制
與求生存的殖民地人民的苦衷），在九份豎畸路側的地點，重現
了九份當年繁華一時背後所隱含整個世代的辛酸意識。

(四)廣場

　　經由當時日常途徑以及長期性重複參與的各種制度計畫（日
常的上工、休息買茶喝、看子弟戲、節慶拜拜），廣場成功地溝
通了當時住民生活的感覺、意義與記憶；地點在特殊的人和事物
之間交互作用（唱戲的賣茶人、日本礦區事務所廣告與兜售色情
玩具書刊的紅目仔……）。

(五)無緣之碑

　　這個碑所紀念的主題應是全片最關注的隱喻：在整片雪白芒
草的山頭，兩個無緣的情侶代表了整個九份因產金的傳奇身世而
被賦予的詛咒，這個無緣之碑所引領出九份山的地景不再只是個
風光優美的山村，而是個提供追溯台灣辛酸歷史線索的場所，讓
我們這些後世子孫能藉由媒體裡重建的生活經驗系統來追憶感覺
結構的存在。

四、「無地點感」的擴張

　　地點感往往是個人持續不斷發展經驗意識的部分，這種發展是一個人所擁有日常參與於時空特定制度的實踐，也是一個人所擁有的社會化與其所在社會結構的轉形過程，感覺結構則提出：個體擁有的地點感是缺乏深度的，必須更具體地介入歷史與社會結構來修正的結果，才能眞實地呈顯「地點」內在的意義。九份在影像的重新建構過程，不應該被視爲「鄉愁」的呈現場景，在更具體地深入現存台灣高度工業化的資本主義社會之後，兩部電影中所建構的九份，正諷喻著這個「無地點感」疾速擴張的島嶼，及其對於異化的空間所難以面對之無力感的寫照。

地點的結構化歷程

《蒙古精神》的歷史地景實踐

《蒙古精神》這部電影的影像敘事內容延伸了我們對地點（place）結構化歷程的思考，從凝聚歷史意象的地景特質到深入勾勒社會涵構的衝擊互動，在劇中都有犀利的觀察與反省。蒙古這個高度可意象性的地點在不同世代、不同種族、不同文明形貌的辯證式構成經驗，為我們提供思考空間意義與社會實踐互動關係的重要文本。

一、地點的意識

蒙古給予人們其地點的自明性是來自於外在的知識，尤其是關乎歷史的知識，關乎一個過去的朝代，一個曾經是中國歷史中版圖最大的朝代，這些凝聚於歷史意象、觀念與符號的地理特質使蒙古的「地點感」（sense of place）出現了高度可意象性，我們可以洞悉在草原、沙漠、蒙古包這些重要的地域性空間元素，而且地點的自明性又表現其具有歷史符號的意義，沙漠的印象轉為「戈壁」、「大漠」，草原的印象連接「牧歌」、「草長馬壯」，蒙古包註釋其蒙古部隊征戰的駐站空間，地點感的獲得乃由於表現了歷史經驗裡的羣體生活，羣體渴望、需求以及價值

觀。

在《蒙古精神》裡，俄國導演米亥科夫（Nikita Mikhalkov）以現今內蒙古自治區為背景，透過平淡地出奇的手法來呈現蒙古的「地點感」經驗，劇情裡敘述一名俄國卡車司機在穿越內蒙古大草原時卡車失事，在獲救的過程進入了一個生活於蒙古包裡的傳統家庭。在兩人對不同文化經驗的接近、撞擊過程中，出現天葬的草原、住民生活的蒙古包與城市裡的異質現代文明。我們可以在一個俄國人好奇近乎驚悸的眼光裡更清晰地洞悉到這個古老文化獨有的文明經驗，無論是關乎空間的或非空間的。

從片頭開始，無垠的天際與草原之間出現了孤騎唱歌的醉漢（這個永遠是醉醺醺的叔叔騎著他唯一財產的那匹馬，吟唱著歌走探四方），無垠的草原中困住卡車的偌大湖面，到鏡頭屢屢移近草緣，引入兀鷹，而我們始終未曾看到的天葬屍骨現場，都強烈地塑造了視覺上的地點感；更進一步地，導演甚至塑造了我們接近這種風土的特殊經驗（只看到兀鷹或只聽到蒙古民歌的草原空鏡頭）。

導演以近乎紀錄片的方式，在剝除戲劇化的敘事模式中，將鏡頭停住於住民裡最忠實的寫照。在蒙古包這種特殊空間形式與住民日常的勞動裡，透過身體引領每日的活動內容、行徑進行時間與空間所聯繫的文化經驗。從殺羊（還幫它闔眼）、剝羊皮（小孩也能參加的傳統勞動）、生火（以手製的老式火種與改製的汽油桶來完成）、淋浴（在戶外、車側的無際四野之中），宴客（客廳裡容納了最正式的家居活動內容），作愛（在平原中插套馬繩桿所釐定的領域感）；以這些身體參與的地點經驗來辨識蒙古包的特性，由流動性、臨時性、非紀念性的人造物所形塑，卻必須完整地容納所有人類生活廣義的需求與渴望，這些內容最迥異於現代生活機制的空間經驗（現代生活對個人私密感的重視

形成的生活空間的區隔，或對服務支援性空間如浴室廁所與主要
活動空間的區隔），也由於電影中透過外國人參與的過程，所有
地點的內在經驗被延伸爲對異國文化形式之深刻觀照。

二、感覺結構（Structure of Feeling）與地點的社會實踐

「感覺結構」希望深入地勾勒社會及歷史涵構對個人經驗的
衝擊。「感覺結構」並不像「地點感」往往只被描述爲主動心靈
意向的客體，因爲它不會將自我成長、意識交替從整體之中抽
離，它被視爲民族、地方文化等等整體複雜關係中不可分離的形
成過程。（Allan Pred, 1983：45-68）

在「感覺結構」中所呈現的，所謂感覺或環境是處在特殊時
間中某種特殊「世代」（generation）狀態，而經驗的連續性是
以積極的生活和特殊活動作基礎的。（Ibid：45-68）然而如何
從這些理論性的概念深化到蒙古之不同世代的個體及體制上的實
踐？感覺結構的形成過程爲何？其和不同世代或不同階級的互動
與整合有何關聯？在眞實生活或意識形態的不同向度上各扮演什
麼樣的角色？

在此部影片對空間感覺結構的關注與刻畫裡，以下列四個向
度進行分析：

㈠地點與世代──歷時性的並置

「感覺結構」比「地點感」更清楚地勾勒了時間異質並置的
社會涵構，在結構歷程連續性的時空流動之中，透過男主角在劇
情裡的參與，我們發現「感覺結構」貢獻給制度的規則與其形成
過程是不可分的，地點的社會實踐與社會結構之間所展開的辯證
式互動而持續進行，如他馳騁原野的本事和進城後格格不入的狀
態呈現的強烈對比；導演平行剪接了他走入現代文明遊戲場的歷

險記與家中妻兒持續原野生活的驃悍安然：如騎馬拉馬的家人與在旋轉飛機上昏厥的他，如打電動玩具的城市中小孩與拉手風琴的女兒。後來，他走入藥局卻因羞澀而怯然離去，戴著棒球帽卻穿著蒙古裝，甚至是從開始進城時，在一個遙遠鳥瞰的鏡位裡望去，拉著兩匹馬的孤小身影走入兩側工廠煙囪林立的大馬路的車羣之中，一再地重現了這種結構化的空間歷程辯證式地存在、互動；進而超越了僅僅是抽離真實感的視覺景觀（廣闊的戈壁所給予巍峨卻虛幻的聯想），這些導源於周遭環境的整體生活經驗的介入，使得空間的意義深化到具體社會實踐的討論。

　　㈡地點與認同（identity）──異質民族的對話

　　導演所經營的敘事結構在底層安排了三種不同的民族文化為軸線，包括：俄國文化、蒙古文化和中國漢文化；而支線尚有滿清與美國在異時空的比對。令人印象最深的當然是那首名為《滿州國的山坡》的俄國歌謠：

> 山坡上起了霧，
> 日在霧中，風吹月出，
> 月光照在靜靜的墓碑上
> 照在靜靜的十字架上，
> 昨日的英靈睡在滿州國的山坡
> 昨日的英靈只能永遠地遊蕩
> 訴說昨日沙場的慘烈
> 然而故鄉是聽不到你們的聲音
> 你們也聽不到來自母親與妻子的哭聲……
> 睡吧！我國的英靈
> 靜靜地，我們將光榮地悼念你們……

　　歌詞中已道盡歷史所賦予不同民族的傷痕，昔日的涵構所賦
予人和文化地景更深的實踐過程。但更進一步地，導演讓這歌譜
刺青於俄國訪客的背脊上，以這肉身銘記深化這段歷史經驗的情
境，再藉由蒙古家女兒以手風琴在空曠草原天際的唱奏，藉由在
舞廳醉酒後搶唱以哀歌的節奏嘲弄肆野的現代舞曲，並以畫外音
滲透於全片裡，呈顯了複層關注「認同」議題的社會意涵。

　　男主角走進城裡，現代化而且漢化的城市在組串的鏡頭裡表
現了蒙古人的困擾（一如俄國人進入蒙古文化的困擾），這些關
乎「認同」的觀察是犀利的，整個城裡除了新的現代文明形式
外，仍有裹小腳的漢族老嫗，練太極拳劍的人們、溜鳥籠、攤販
市售到木構造建築的老街、巷弄，甚至是城郊的喇嘛廟；這些電
影裡空間的歷程可視為民族、地方文化整體複雜關係的對話，透
過歷史經驗中不可分離的形成過程來描述其地點的感覺結構。

(三)地點與媒體——再現(representation)的社會實踐

　　在感覺結構的討論裡，總體生活內容到了我們這個時代是無
可抗拒地暴露各種媒體的形式裡，如片中的城市景觀的「中文標
語」顯得如此突兀而樣板、如電視在遙控器的轉台過程裡和蒙古
包原有的生活氛圍如此格格不入，如狄斯可舞廳裡的聲光裝置所
塑造的偽節慶……

　　然而由於媒體介入了日常生活內容的體制中，個體的生活體
制無可避免地和其他人發生交集，這種交集可能是同一世代不同
階級、不同地點：如著西裝的鋼琴師與男主角並騎前往營救酒醉
被捕的俄國人，或蒙古包裡客廳中鋼琴師的照片和席維特史特龍
的海報並置於牆上。媒體參與了日常生活的社會實踐，成為作用
於意義的伏筆，透過這些符號系統中符徵的轉化來呈現感覺結構
的存在。

　　透過超現實的手法所出現全片的戲劇高潮當然是男主角在夢境裡遭遇成吉思汗一段，當他在空曠的原野休息、吃罐頭、玩單車、看著電視機螢幕所倒影的天空與平原時，旗上繡著兀鷹的大隊兵馬擁簇著成吉思汗從遼闊的天邊逼近，看到草上的電視機裡所出現的鏡像，從大隊人馬的陣勢轉換爲藍波第三集裡在阿富汗反抗軍的馬上特技，在大怒之餘下令拖走男主角與前來求援的俄國人，並燒毀電視機與卡車……然後男主角才突然醒來，電視仍在草原上，螢幕仍映著天空飛過的禿鷹。在此，媒體影像轉爲溝通不同世代，不同階級的空間經驗，透過在荒垓的平野地景；並置了不同的感覺結構，將這些空間之社會實踐的深度提領到歷史的視野……卻又和現實中男主角懷古而迂遠的性格荒謬地接合……

　　從驍勇蒙古武士的觀點重現資本主義商品文化裡刻板的藍波英雄形象，從邊陲的家庭生活闔家觀賞的電視節目來並置戈巴契夫訪美與漢文化傳統節慶現場，透過媒體代言現代文化的入侵之外，影像則勾連了更大的視野：包含了權力宰制體制的移轉，如美俄關係改變與蘇聯的解體；包含了文化宰制系統的多重複合，如漢文化或美國文化的漫延……，蒙古作爲一個政治主體的處境正面臨多方的震盪，並藉著媒體將來自重大的歷史衝擊整合到日常生活裡，形塑空間的感覺經驗裡對社會實踐更具辯證性的互動。

三、「國際化」的感覺結構

　　當插在遼闊平原的套馬繩桿被工廠煙囱所取代；在同一個凝結的鏡位裡，象徵在天地四野中作愛的領域由象徵工業機械入侵的界限所取代；人和自然親密而強悍的連繫關係由人對文明追索的基調所取代。在最後這個持續許久許久的停格空鏡頭中，透過

畫外音描述著更下一個蒙古的世代，也名為鐵木真的子裔，開始以旅行取代征服；以風景明信片取代帝國版圖，蒙古意象在此完成了其空間感覺結構的塑造，在更深刻地中介於「國際化」（internationalization）的旅行、媒體、異民族混生的社會涵構裡，這部電影彰顯了這種半寫實記錄半超現實式的影像思考，深化了我們對空間結構化歷程的理解方式。

2.7

集體記憶的地點感

旅行電影地景

　　本文嘗試以旅行電影的地點感來深化集體空間意識的檢討。在電影中，透過「旅行」這個母題重新思索空間被感知的過程，檢驗空間意義的產生與淪失。並在多部電影經典之作的援引中討論個體經驗與集體記憶兩種不同面向的影像呈現空間的本質。

一、個體經驗的地點感

　　空間意識的形塑決定於個人經驗空間的過程。在空間被經驗的過程，「地點感」進入記憶而在身世中產生意義。然而旅行背離了這些熟悉的空間，甚至是背離了原有感知空間的方式。透過進入異質的地緣與轉換空間感知方式的過程，旅行使人的主體經驗與空間有了更深的對話。

　　在《遮蔽的天空》裡，「旅行」成為整部存在主義電影的母題，作為思索「存有」（Being）最重要的疑旨（problemtic），男主角曾在客途上宣稱過真正的旅行是沒有目的地，沒有終點，只是向可能的異域不斷地前行，探索下一個未知的旅程。最後他們的遭遇揭示了探索「存有」的悲劇宣言，不論是客死他鄉或流放異國，傾頹的廢城、滄涼的荒漠都成為這種「地點感」逐漸消逝

過程的場景。他們對空間意識的自我放逐（執意背離於其成長經驗的歐洲文明地景）正指涉其質疑「存在」意識後的自我放逐。

《魂斷威尼斯》與《玻璃玫瑰》則在旅行的影像敍述中並列了個人家族的身世，所有旅途的地點都成爲呼喚往事的伏筆，不論是瘟疫橫厲的威尼斯、還是陽光迷漫的希臘古城。充滿典故的地緣並未能挽救主人翁背負的命運，甚至這些典故所賦予的「地點感」是遊客的，是文明史的。不是他們個人歷經滄桑的身世所伴隨而來的，因此這些「異化的地點感」不但未能喚回他們厄運的起色，甚至卻在遊客徘徊的歡樂氣息裡深化了沉痛的傷心事，深化了走向希臘式的亂倫悲劇。旅行中對著名地點的疏離感使觀衆與這些地緣成爲一種孤獨無依的旁觀者。

這種疏離感到了溫德斯的《愛麗絲漫遊》中，更成爲全片的基調，對於片中那個與現實世界隔隔不入的記者男主角而言，紐約或阿姆斯特丹是一樣的蒼白而寂寞。無論是帝國大廈的摩天樓夜色或是荷京縱橫美絕的水渠泛遊，在拍立得照片的隱喻中，透露了溫德斯六十年代運動以來對資本主義締造的文明所給予的嘲解。當他們從愛麗絲的童年記憶中找尋線索，從鐘聲、從行程、從老照片裡去呼喚身世的地點。在情節裡，這個冷漠的男主角也同時因小女孩的介入而有了心緒的暖意；這個尋覓的旅程更強烈地探討了個人意識所介入的空間經驗才能賦予地點的意識，否則任何聞名地景都只是觀光美學的註腳，無法勾連生命深處的感動。

尤其片中的男主角是一個旅行記者，所有影片有近乎一半是在交通工具裡取景，畫面中出現了各種形式的動態影像，從汽車、飛機、遊艇、電車到火車，所架設的鏡位可能是車窗、後視鏡，投幣的眺望機器等……將注視著旅行裡不斷變換的景像塑造爲眞正的母題，這種「轉異地點」（transtopia）也正是公路電

影最重要的特徵，影射了生命本身作為旅程的反省。如《愛麗絲漫遊》最後一個鏡頭是將男主角與愛麗絲望出火車窗外的微笑不斷拉遠拉遠到天空的高度，他們則隨著越來越小的火車車廂駛入森林、駛入山嶺、逐漸消失……，「轉異地點」宣告了「地點感」本質的淪失，不僅僅是感知空間的人性主體已然異化，甚至感知客體的地點本身也在影像的敘事過程中蕩然無存。

二、集體記憶的地點感

集體記憶擴大了個人空間意識的領域，人的主體經驗展延至羣體、種族、國家甚至是古老文化的總體內容。旅行則致使不同質的文化產生互動、衝突，在影像敘事的企圖裡，空間隱喻了這種遭遇與對抗的本質性反省。

荷索的《天譴》喚起的是殖民時代的集體記憶，旅行的終極任務不只是探險，更重要的是征服；因此荷索創造了原始叢林的窮山惡水來強化「征服」的母題，從片頭開始艱險的山路、湍急的河流、到危機四伏的森林，空間隨著主要情節的發展：出征、謀殺、叛變、到天譴式地全軍覆沒；那個期望中的目的地「黃金之國」始終沒有出現。在荷索獨有的影像視野中，從開始凌空而降的鏡頭到結局鏡頭繞著克勞金斯基盤旋三周而回到天際，導演賦予了這個征服的旅途一個受詛式的歷程，透過那位跋扈而野心勃勃的將領開展了這個「天問式」的故事，而天上的神祇始終監視著整個過程。

「地點感」的逐漸消逝和眾叛親離的過程是同步的，而天譴的逼近形塑了空間神祕的異象：始終沒有現身的土著所隱身的危險密林，最後那整艘船被懸屍的樹梢，竹筏進退維谷的河中……依然身著帝國莊嚴盔甲的將軍仍背負著拓廣其殖民版圖的偉大使命，而卻身陷原始猴羣的嘲弄，這個旅行是到了文明的盡頭了，

神明帶著訕笑離去。蠻荒的地景吞噬了殖民母國的王城幻想，空間在影像敍事裡探索了這段十八世紀集體記憶的「地點感」及其在「感覺結構」的批判角度中其烏托邦的幻滅。

陳凱歌則在《黃土地》裡建構了黃土高原的完整意象，從黃沙滾滾的山丘、窰洞的聚落、到濯衣濯足的黃河，所有的特殊地景都凝聚了自古留傳的典故、詩歌、神話，是「地點感」的完美典範。

男主角的旅行是爲了收集黃土高原的民謠，隱含著文化使命的尋根企圖，將空間的視野提領至歷史的向度。在戰後的高原聚落裡，貧窮而保守的習氣在傳統的儀式中展現，從窰洞門旁的春聯到走過黃土高原的送嫁人羣、甚至是延安的大鼓陣揚起的狂風黃沙，現在這個旅人所歷經的是駐守於那片黃土地的神諭，走回了古代文明的源頭。縱使在特殊歷史現實的困境裡，故事裡的角色仍是果決而堅強，在刻意經營的鏡位構圖中（渺小的人影在大尺度的山河地景裡移動），形塑了集體記憶的空間神話。

三、集體記憶的結構歷程

「地點感」在結構歷程學中有了更深刻的詮釋，主要是關於「地點感」的形成和其特殊時空的不同時代不同體制的實踐，甚至是和不同階級與不同意識形態向度的「感覺結構」相關。集體記憶的空間神話必須在其結構歷程中來理解，才能對其歷史與社會涵構作整體分析。「旅行電影」在其「國際化」與「地域化」，「歷史」與「現代」，「身份認同」與「國族認同」多面向的地景衝突中同時隱含著現象學與結構歷程學的課題，等待更多研究的理論性探索。

佛列茲朗的《大都會》中體現了

表現主義與差異地學式電影對現實的質疑與決裂,

片中所杜撰的未來城市形象,

成為電影空間「變形法」的經典之作。

第 3 章

影像與空間的差異地學

從傅寇到巴赫汀的理論建構

一部完全的歷史仍有待撰寫成空間的歷史——

它同時也是權力的歷史。

——傅寇（1977）

後現代主義正是著迷於以下

這些卑賤的、媚俗的整個「墮落」地景：

電視連續劇⋯⋯廣告、汽車旅館和 B 級好萊塢電影⋯⋯

——詹明信（1984）

我們越是探究休閒是什麼，

就越能察知文化習俗中休閒區隔與衝突，

在建立辯證的參數以及

休閒時間和休閒空間裡所發生的事。

——羅傑克（1995）

一、權力、空間、媒體

傅寇的著作已經對人文社會科學幾乎所有相關的領域都產生深遠的影響。無疑地，他作品中最有價值的面向：是使理論思考警覺到權力的普遍運作，並且突顯出理性、知識、主體性及社會規範產生的種種問題。以一種豐富又細微的分析，他說明了權力是如何交織在社會和個人生活的所有面向裡，滲透於各類型的空間（學校、醫院、監獄……）之中。延續著尼采，傅寇質疑了表面上具有善意的思想形式與價值（諸如：人本主義、自我認同、烏托邦架構），並且迫使人們思考所有價值與知識不過是權力意志的展現，他揭發了權力、真理與知識之間的連結。（Steven Best & Douglas Keltner, 1991：94-95）這些連結開啓了反啓蒙的傳統，駁斥理性、解放、進步之間的等同性，並且更深入地強調權力與知識的現代形式之間的界面已產生了一種新的支配形式。（Ibid：56）

對傅寇而言，空間及權力、知識等論述亦轉化成其實質支配形式之處；「建築自十八世紀末葉以來，逐漸涉入人口、健康與都市問題之中……〔它〕變成了為達成經濟與政治目標所使用的空間調遣配佈（disposition）的問題（Michel Foucault, 1977：148），在此建築的知識應不只是關乎美學的、專業操作、規劃科學的內容，而是提供如何與經濟、政治、制度交織的空間建構過程，因此，建築與都市計劃、設計物與一般建物，甚至是重構於影像媒體的空間形式，都是使我們了解權力如何運作的重要例證。

相對於現代理論視知識為中立而客觀的（實證主義）、或是解放的（馬克思主義），傅寇強調：知識與權力體制是不可分離。他的「權力／知識」這個概念正表徵了後現代對於理性及以

理性名義提出的解放計劃之懷疑。諸如心理學、社會學、犯罪學等學門本是產生於權力關係的脈絡之中，但透過排斥、限制、監控、客體化的種種運作與技術，又會反過來有助於新的權力技術的發展、精緻化、繁衍。而現在的個人已同時成為知識的客體和主體，並非「被壓制」，而是在「科學、規訓的機制」母體中被積極地模塑而成型。（Steven Best & Douglas Kellner, 1991：74）就傅寇而言，「主體」一詞有雙重意義：既是「藉由控制與依賴而成為受他人支配的主體；同時也是一種以自覺或自我認識來連結於其自己的認同」。（Foucault, 1988：212；Steven Best & Douglas Kellner, 1991：74）他將主體視為在各種制度場域的權力關係中產生的，拒絕了啓蒙運動那種將意識、自我反省和自由都扣在一起的模式，而代之以尼采在《道德系譜學》的宣稱：視道德形式乃權力的策略和效果而將社會控制內化。如此而言，權力成為「關係性」的權力，沒有來源或核心，也沒有任何主體能夠擁有它，權力是一種純然結構化的活動，主體只是其中無名的管道或副產品。（Ibid：74-75）

　　因此，沒有任何傅寇所提出的空間有意喚起統一建築向度和行動的「時代精神」，和渥夫林（Wolfflin）不同；也和馬克思有別，權力對他而言，不限於階級支配，也不能化約為上層階級用以控制工人階級，（Gwendolyn Wright and Paul Rabinow, 1982：4-5）他試著以各種觀點來發展和證實此一主體，諸如：精神病學、醫學、懲戒、犯罪學等人文科學的興起來討論各種規訓機構的形成以及主體的建構。

　　在《規訓與懲罰》（Discipline and Punish）（Foucault, 1979）裡描述中世紀刑罰的形式與觀念的演變，及其權力運作對肉體的規範再現在空間中，在《性史》（The History of Sexuality）（Foucault, 1980）裡：他提出「變態」論述增加了社會控制的

機制，但卻也產生一種逆轉的論述，諸如同性戀者運用它們來作為一個羣體的正當性。在空間上如《診所的誕生》（*The Birth of Clinic*）（Foucault, 1975）所分析的，一個組織完善的醫院變成了醫事馴訓建築相對體；傅寇以圓形監獄（Foucault, 1979）為例，更深入的指出：空間並非如某些人認為的是權力的本質，而是權力運作特殊形式的一個駭人準確的呈現，它是「權力機制化約成其理想形成的簡圖」。（Ibid：205）

傅寇在與地理學家的對話中還曾提過他藉由空間觀念找到其思索的基本關切：即權力和知識之間的可能關係。

一旦知識可以區域、領域、移植、移位、轉換等觀念來分析時，我們就可以掌握知識作為一種權力形式與傳散權力作用的過程……而且如同使用空間、策略的隱喻來解讀論述，可以讓我們精確地掌握到論述在權力關係的基礎之中、之上的那些轉變點。（Foucault, 1980a：63－77）傅寇視地理為一種「地緣政治學」，經由空間的移植、分派、定界、控制領地和組織領域來佈置權力的戰術和策略，由此才能更準確地分析論述的形構與知識的系譜學。

在傅寇有關空間的權力分析中呈顯了明顯的後現代風貌，因為他將權力分解成多元的微型力量，而且他也預期了一個後現代的新時代，但是對於某些其他理論家認為是構成後現代權力的那些技術和策略，傅寇卻從來不曾理論化，他仍是關注著，從十八世紀以來對於社會統治目的和技術的功能：警察記錄、政治文獻中對建築與都市計劃的交互影響，甚至追溯到希臘、羅馬的城市空間。如何成為領土統治的隱喻與象徵，一直到新技術與新經濟的運行，空間開始與交通速度……在現代體制的轉變產生抵制、對抗或集結的可能。他所宣稱建築作為人們在空間中特定的定位、移動的構化以及符號外他們的共生關係，因此，建築或城市

不應只被當成空間中的一個元素,而且特別被當成一個社會關係的安插而帶來了特殊的效果。(Paul Pabinow, 1982:16-20)他雖已指出空間符號化的問題,但並未像布希亞般指出:後現代權力牽涉到電子媒介、資訊技術所構成的符號系統,並繁衍出一種充斥著形象與操弄意符的抽象環境或空間形式。而對這種涉及媒體資訊的新權力形式,規劃性的權力模型只能提供部分解釋,因此,某種主張「脫離身體的」符號式權力已然出現在諸如布希亞的後現代理論爭辯中。(Steven Best & Douglas Kellner, 1991:76-77)但是不可否認的,傅寇在知識、權力、空間上的理論貢獻的確預見了一種後現代的知識脈絡與歷史時期,進而引向一個由影像為主導的資訊符號世界中對「空間建構與權力系統互動」之新思索向度。

二、差異地學

在傅寇對於空間與權力的理論中,他透過對空間史的回顧,定義出某種特殊處理時間與歷史的特定方式,從而發展他命名為「差異地學」(heterotopology)的新學域,用以重新建立空間中某些並存之神話與真實的論爭,建立新的研究方向來描述空間此分析對象,包含種種他宣稱不同於虛構地點(Utopia)與對立基地(counter-sites)的新名詞:差異地點(heterotopias),不但可以指出其在現實中的位置,也絕對地異於所有它們的反映與討論的基地,但卻容納了混合的、交匯的經驗。(Foucault, 1986)

這種命名為「差異地學」的新學域是影響十分深遠的,其討論到廣義的空間文化處境和許多後現代理論有雷同的向度,但也指出不同的思索脈絡,但對於影像與空間關係的理論建構,卻有著同樣重要的貢獻。如詹明信(Jameson, 1984)所提出的「超

空間」（hyperspace）用以描述後現代處境本身就是建構空間的一種轉變，而且是一種客體的轉變，並未伴隨著主體相應的轉變作適應性的回應，（Ibid：80）這種「超空間」反應了後現代文化中在價值、政略與經驗上所造成的危機，使雅俗文化、現實與非現實、虛構與歷史的區別及界線消失。而布希亞（Baudrillard, 1983）揭示的「空間的類像化（Simulation of space）」則成為進一步討論虛擬空間（Cyberspace）的理論指標，布希亞所引用麥克魯漢（Marshall Mcluhan, 1964）的內爆（implosion）這個概念而宣稱：在後現代世界裡，形象（或類像）與實體之間的界限已經內爆，從而空間一如「真實」已被超真實（hyperreal）所取代，類像化的空間體驗（一如狄斯奈樂園）已失去了「真實」空間的確切經驗與基礎，空間由模型、符碼、符號來形塑自身的結構，而且沒有了原物或實體。

　　依傅寇將差異地學視為有系統描述的探討而言：「這種在一個既定的社會，可以成為研究對象、分析、描述與『閱讀』這種差異空間，或這種不同空間，作為我們生活空間的某種並存之神話與真實的論爭」。（Foucault, 1986：24）那「超空間」、「類像化空間」、「虛擬空間」都可以視為是後現代媒體與資訊技術的干涉後對於空間意義與其指涉對象並存論爭的差異地學。

　　雖然布希亞在「遺忘傅寇」（Forgetting Foucault）一書中指出：傅寇見到權力複雜多樣，卻沒有發現，在一個由模型、符碼、資訊、媒體所決定的後現代時期裡，理論中指涉的對象已變得全然抽象，（Baudrillard, 1987：59）布希亞斷言一切對立與分化的界線都已內爆，而傅寇卻仍展示其規訓與權力如何聚積分化、產生層級、邊緣化與對抗；（Steven Best & Douglas Kellner, 1991：156－157）但從空間被建構的脈絡而言，權力與符號系統的運作是由多種模式所決定，理論化差異地學關心的空間對

象與空間經驗變成了一種思維的主要面向，這種面向溝通了空間在涉入影像媒體之前與之後所呈現了不同課題。

　　傅寇從空間史的回顧中討論了權力關係所形構的地點意識：從中世紀存在層級性的地點整體：神聖地點與凡俗地點，圍護地點與開放暴露地點……形成了完整的層級、對立與地點的交錯，即他稱為的定位空間（Space of emplacement），（Foucault, 1986：22）伽利略藉由其地球繞日的宣言指出了一種無限的開放的空間建構，瓦解了中世紀的地點，也開發了十七世紀起以延伸（extension）取代地方化（localization）的空間觀，而今日人類基地零散分佈的符號化或密碼化元素的指認，序列的，樹狀與格子的空間關係，呈顯了新的世代。（Ibid：23）

　　傅寇透過其差異地學的觀點勾勒了不同基地的關係，不能彼此化約，也不能相互疊合的關係，空間與其他空間在一種懷疑、中性化或倒轉的組合之中，他描述了差異地點的六個重要原則，可作為影像空間理論建構的重要觀點。（Ibid：24）

　　㈠沒有任何文明不建構差異地點，但不可能找到差異地點的絕對普遍形式。從社會的權力控制系統而言可能有兩種主要範疇：即危機差異地點（Crisis heterotopia）與偏離差異地點（heterotopia of deviation）。

　　㈡每個社會使其既存的差異地點以非常不同的方式運作，而且會根據其所在文化的共時性，而有不同作用。

　　㈢差異地點可在單獨的點中並列數個彼此矛盾的空間與基地。

　　㈣差異地點在差異時間（heterochronies）與傳統時間絕對劃分之後，差異地點才開始全力作用。

　　㈤差異地點常預設一個開閉系統，以隔離或使它們變得可以進入。

㈥差異地點對於其他所有空間有二種極端的功能：一是創造一個幻想空間，以揭露所有眞實空間是更虛幻的。二是補償性的差異地點，雖然具有眞實基地，卻創造了另一個完美的、拘謹的、仔細安排的空間，用以顯現我們的空間是污穢的、病態的和混亂的。

三、休閒理論

休閒經驗並非如傳統上連繫「自由」、「選擇」、「逃脫」的取向。在克利斯‧羅傑克（Chris Rojek, 1995：1-11）的觀點中，休閒乃是受社會所制約的，是一有架構的個人或集體之存有狀態的計劃，這些計畫意圖透過理性的訓練、規訓、教育、經營與政策，或者藉由拋開尋常社會生活中色的甲胄，讓自己盡情「自我表達」來維持或達致休閒的存有狀態。然而，當人們如此追求各式各樣的自由計劃時，他們發現自己對自由的概念本身也是社會的建構，因此有其特定的局限與限制，因此他以更複雜的政治經濟分析作爲背景來討論休閒的觀念。他認爲每一種社會形構都連繫了一種一般化的，論述層次的共同假設與信念，關涉了有助於賦予休閒意義較完整圖像的行動、認同、連繫與實踐。

羅傑克（Chris Rojek, 1985：150-157）也藉由傅寇分析知識、權力、空間的理論來深化其休閒的思維：

㈠休閒是一種權力的形式，爲了對比於將休閒等同於自由的形式主義者，傅寇將休閒概念化爲同時發生的自由與控制狀態。

㈡接上而言，傅寇強調休閒與其他社會生活領域的相互依賴關係。他關心的並不溯源自階級或國家的模式，而將休閒活動連接上權力與規訓的複雜分化，同時傅寇也拒絕將休閒組織視爲上帝賦予或社會的自然部分，他從休閒的角度強調權力在歷史面向的重要性。

　　這些對休閒論述的權力分析有效地指出「影像─空間」作為傳統休閒類型的缺失，觀影經驗、觀影的空間經驗、影像中的空間經驗……等應被放入其休閒實踐的過程中，才能掌握權力中介的複雜脈絡。

　　「影像與空間」事實上是被商品化的過程所塑造，依羅傑克（Chris Rojek, 1995：3-4）的分析，不論馬克斯主義者或韋伯論者，在關於資本主義下休閒的論述中，最強而有力浮現的是經驗的商品化與均質化。因此，影像與空間的經驗被轉化為一種生產的過程，與財貨、服務和觀影體驗都成為物品被包裝與銷售給消費者的過程，在龐大的娛樂體系建構的過程，影像消費的催眠性質受到強調，而影像與空間作為休閒主流形式，往往被當成一種填充消費者新的空間與時間的方式而被探究。

　　延伸自傅寇對權力與空間的理論分析，「影像─空間」也揭示了其中具完整圖像的形構呈現。

　　㈠影像的空間經驗作為一種權力的形式，突顯了其同時發生的自由與控制狀態。

　　在補償性差異地點的極端功能中，影像空間透過其商品化的包裝與銷售的過程，呈現了一個完美、拘謹、仔細安排的空間，卻也顯現了真實空間的污穢、病態和混亂。影像消費的體系建立了分派幻覺的角色，在休閒工業中，影像與空間的關係被當成是不斷變幻的刺激的展示場。

　　在波特萊爾（Baudelaire, 1964；Rojek, 1995：7-8）對現代生活的革命性觀點裡，羅傑克認為現代性的本質在於「暫時的」、「轉瞬即逝的」與「偶然的」。關注這種社會生活的韻律與潮流，工業化、都市化與符號化的興起所造成關鍵的流通過程乃是身體、商品、觀念、影像和資訊的流通，對波特萊爾而言，這種意識形式在都會發展的最為完整，在那裡，看來沒有止境的

人口、車輛、商品、時尚、建築樣式、文化與美學的移動，創造了一種朝生暮死、無家可歸和支離破碎的尖銳感受。

在以現代性作為其基本脈絡的休閒論述裡，對比於強調秩序與控制的資本主義社會關係的革命，休閒經驗呈現了填充其生產模式分派時間外的活動想像。因此影像與空間的消費模式提供了產生興奮、刺激與快感的展示場，為產生無聊、挫折與緊張的勞動生產模式呈現類似抒解而豐富的自由時間規劃，但另一方面這種「自由」基本上是有秩序的，納入再生產的社會功能之中。無論是和影像相關的都市經驗或是影像裡所再現的空間形式、活動內容，都突顯了其作為商品化體系過程中同時發生的自由與控制狀態。

㈡影像與空間的休閒經驗與其他社會生活領域經驗相互依賴，而且透過商業與文化的體系連接上權力與規訓的複雜分化。

哈維（Harvey, 1989：44）採取了不同的路線，他將後現代性定義為「完全接納朝生暮死、片斷分裂、不連接性……」，這個定義將波特萊爾的現代性之「暫時的」、「轉瞬即逝的」與「偶然的」特徵推到極端。它將後現代性視為已經出現在現代性裡的流通、片斷化和不穩定的形式進一步地慣常化。

羅傑克（Rojek, 1995：9-10）強調了後現代性的休閒論述：著重於高級與低級文化之間的階層區分已然消解，無可抗拒的折衷主義與符碼的混合，社會中模仿（pastiche）、姿態與戲謔的顯而易見；活動的無深度性與透明性，追求本身即目的之誘惑，以及作者與消費者之間差別的消失。如此，在後現代休閒中影像與空間的互動方式是與其他社會生活領域有了更複雜的相互依賴，觸媒應是電子技術的興起，通訊系統的多重用途與相對廉價被利用來擴充休閒選擇。諸如：家內空間作為影像休閒資源的革命早已開始，有線與衛星頻道的電視，在家購物、電子報紙，

電腦監視器作為休閒主要資源，可以取得另種遊戲、圖片與圖書館檔案。這些發展連接上更新的資訊霸權與世界網絡所建立的規訓系統，改變了人們對影像與空間的關係：家庭內部與外在世界，工作與休閒、私人與公共領域的常識性區分都失效而急待重整。

詹明信（Jameson, 1991）堅稱後現代文化的膚淺，深度被表面所取代，並引克莉蒂娃（Kristeva）的「互為正文性」（intertextuality）的觀念來描述後現代性的主要特徵：「互為正文性」意味了每件事物都可以被「閱讀」或解釋為正文。這是認為文化奠基於集體分享符號之上的邏輯推理。正如布希亞所批評傅寇的論點：在由符號、資訊與媒體所塑造的文化中，關於理論中指涉的對象已變得全然抽象，規訓與權力的脈絡無法明確地被掌握，影像與空間的關係也不再僅被商品消費、內爆理論或權力分派的差異地點任何單一的觀點所完整解釋。但不可否認地，這些作為資訊或媒體中介的空間研究對象，用以分析、描述與閱讀差異地點的爭論，仍可視為後現代差異地學的多樣成果。

四、眾聲喧嘩：狂歡化的空間與影像

狂歡節與狂歡化的觀念源於巴赫汀（Bakhtin）對文化轉型期眾聲喧嘩的重要分析例證，用以醞釀著文藝復興時代文化狂歡的全景式描繪。巴赫汀溯源西方文化內部的他者的聲音，在中世紀與文藝復興的民間狂歡節中，找到了反叛與顛覆的強音。這是一個歌頌肉體感官慾望的反文化與大眾文化之聲，用以對抗官方文化、神學與古典文化。作為文化離心、多元、反叛的代表，狂歡節具有強大的生命力，對文化發展的影響深遠，巴赫汀不僅在杜斯妥也夫斯基的小說中出現發掘出狂歡化的風格，進而從布萊希特、托瑪斯曼、甚至遠至塞萬提斯、莎士比亞的作品中找到眾

聲喧嘩的理論例證。（劉康，1995：261-266）

　　狂歡節作爲巴赫汀眾聲喧嘩理論的特徵，和傅寇所提的差異地點理論對於權力機制的分析有著雷同的三個面向：

　　(1)眾聲喧嘩理論強調語言內部離心力與向心力兩種力量的對抗，表現了政治、文化、意識的關係密切，而在狂歡化的語言中尤其明確，而傅寇的差異地學則著重於空間在複雜的權力機制中運作而形成各種形態各種異質的空間關係。

　　(2)狂歡化的眾聲喧嘩局面標示著中心話語與非中心話語的同時共存，多元共生，而不是新的向心力和中心話語的獨白。而差異地學則指出矛盾基地的可能並列、依所在文化的共時性而有不同作用或相互作用。

　　(3)文化轉型時代的任何話語都包括了向心與離心，中心與非中心話語之間的對話、抗衡。而差異地點則被建構於任何文明，任何權力體系作用、轉化，對抗的社會中，進而展開各種各式的中介與作用。

　　眾聲喧嘩理論被劉康（1995：278）視爲「後現代主義理論」，他強調從通俗、市井、訴諸感官愉悅的審美趣味是大眾文化的魅力所在，這些在當代所謂「後工業社會」或「後現代社會」中主要由資訊、符號建構的各文化範圍（包括：電視、電影、流行音樂、通俗文學、時裝……等）所形構。狂歡化的策略使大眾文化與菁英文化的界線模糊，但顯然爲多元的文化形式產生異質並存的可能，這和差異地學的理論動機是相向的。

　　在以差異地學討論影像與空間的理論建構過程中，筆者最後以巴赫汀的眾聲喧嘩面向，提供了一個連結傅寇與其他後現代理論家在大眾文化與權力體系之間的面向落差，並作爲本文的結論。

　　(1)影像與空間作爲媒體資訊的主要符號載體，狂歡化的論述

表現了所有符號開始變成「互為正文性」的正文，形成被多重閱讀或解釋的可能，因此大眾文化作為純粹商品消費的支配性邏輯不再必然存在而急待重新評估權力與規訓的脈絡作用的狀態。

(2)眾聲喧嘩標示了各種話語文本的同時共存，多元共生，那媒體技術所改變的影像與空間的作用方式則成了更多「內爆」的可能，任何反叛而具顛覆性的影像形式或空間的發生，都指向更異質的脈絡交錯。

(3)後現代為一文化轉型的階段，任何的空間形式與任何影像形式都無可避免地變成了前所未有的和彼此可能相關的正文形式，也必然形成任何新的可能的對話、抗衡種種互動形式。

在本章中將以四部電影來討論差異地學的主要議題

㈠差異地點效應——《最後魔鬼英雄》

如同《開羅紫玫瑰》戲劇化地處理電影與電影院的關係，電影的空間是真實世界的差異起點，而真實世界卻也是電影世界裡的差異地點，使觀眾陷入一種鏡像式的幻覺。這是出入於差異地點過程所處理影像與空間「互為主體性」極成功的例證。

劇情裡還有意識地將這種差異化的空間經驗平行於對類型電影的批判，類型中英雄和類型片裡的場景一樣地受到真實人物介入後的質疑與衝突，反之亦然。而出入銀幕的真實與虛構相互建構則成為後現代文化討論類像化自我的經驗，沒有根源的超真實取代了的真實。

㈡差異時間——《秦俑》

秦陵在差異時間的作用中指出了數種不同的電影敘事時段。古代秦帝國陳述了封建體系層級分立的地點整體，民國時代則

因當代的技術、觀念使定位的基地取代層級性的帝國空間組織。

　　無地點感的場景如機場如火車如街道呈現了「延伸」取代「地方化」的時空觀，敍事母題「愛情」則在仿諷的影像與空間高度作用中，提升到和「歷史」同等的地位。

㈢童話電影空間的差異地學——《小鬼當家》

　　以瞬間的、轉換的、不定的時間對應的差異地點，用狂歡節的方式與時間聯結。在聖誕節裡，一組可被界定的空間關係與網絡被質疑，對日常生活的改造來中性化或倒轉空間一般性、均質化的意義。

　　第一集的住宅社區或第二集的紐約城都被重新諷喻與改寫為補償性的差異地點，休閒的節慶（聖誕節）成就了狂歡化的空間作用，質疑了權力脈絡作用下的性別、長幼、貧富關係。

㈣新類型的電影差異地點——「汽車電影」的空間分析

　　「類型電影」機制的建立是電影工業在資本主義化過程的重要階段，「類型」除了以這種商品定位在生產與消費面向的貢獻外，同時也溝通了觀眾與電影作者之間的影像傳達模式，形成一種認知的默契。而電影空間也隨著這種商品與認知的邏輯而類型化。

　　由於電影的戲劇化特質，劇中的「差異地點」往往成為一種「類型電影」中的最重要敍事中心，進而成為指涉更多影像意涵的象徵場景。

　　從恐怖片中的古堡、密室呈現的危機差異地點，到西部片中的酒吧、荒漠呈現的偏離差異地點等……，而使觀眾能透過對場景符號的印象來強化類型電影的影像敍事默契。

　　汽車在作爲新時代空間造物的特質中成爲新類型的電影差異地點，並自身形成「汽車電影」的新論域。

電影院空間的差異地點效應

《最後魔鬼英雄》的鏡像階段分析

一、虛構的眞實──鏡像空間作爲差異地點

電影作爲社會生活中某種有效制定的想像地點,在一個現實基地裡提供了虛構的經驗,這些混合存在與不存在的空間經驗,可視爲一面鏡子,鏡子裡的空間是個無地點的地方,是個虛構的地方。但在此面鏡中,我們卻看到了不存在於其中的自我,處於那打開表層的、不眞實的虛像空間中,人就在那裡,那裡卻又非我之所在,鏡像提供了我們能在缺席之處看到自身;這是一種鏡子提供的虛構地點。

而從這種鏡像空間的狀態,亦即從鏡面的彼端,我們往往會發現了自我現實所在之處的缺陷與不完美,因爲我們在那兒看到了自己。從這個凝視起,就從一個鏡像空間的狀態,我們因之回到自我本身,並在現實所在之處重新建構自己。

而作爲一差異地點的作用:當我們凝視鏡中的自我時,它使人所在之處成爲絕對眞實,鏡像空間和週遭所有的空間相連,同時並存卻又絕對不眞實。

但就鏡子確存於現實而言,鏡中的空間是一種「差異地

點」，這些鏡像地點絕對異於其所反映的基地，並因它們與完全虛構的地點之差別而稱之。

二、電影虛構現實還是現實虛構電影——
電影院作爲差異地點

電影院作爲差異地點，提供了這種現實與虛構世界彼此混合、交滙的經驗，在劇情的開展過程，每個人找到自己角色的定位，投射到某個故事中的人物，投射到某段遭遇，而在這種凝視自我的過程就和鏡像之反映現實具有一樣的效果。

而電影情節的場景與故事中，透過劇中人物的困頓與挫折，觀衆可以感受到所投射的角色在現實世界的問題，產生深刻的共鳴式衝擊。但也由於電影中的波折與反省，人們會重新對自己在現實世界角色進行調整與建構。

電影院作爲差異地點最爲典型的範例與反應：電影外的現實與電影內的故事，在觀影者的經驗中並存；有時是電影裡角色的遭遇雷同於現實世界的問題，有時則是現實世界的問題在電影中具體而微的出現。

最後的決定是十分艱難的，到底是離開電影，回到現實世界，或是離開現實世界回到電影。（如伍迪艾倫的《開羅紫玫瑰》中，米亞法蘿在故事最後又回到電影院裡，持續這種現實悲劇的循環。）

這種經驗在《最後魔鬼英雄》裡有著更深入的發展，在故事之中角色由於魔法而出入於電影與非電影的所有空間，使得電影院作爲差異地點有了更戲劇化的對話。

三、虛構的重建過程——

《最後魔鬼英雄》中差異空間效應的五個階段

在《最後魔鬼英雄》裡，我們可以透過少年與阿諾的遭遇來描述電影院作為差異空間的經驗，業者與觀影者五個階段的改變，依序陳述如下：

(一)缺席地存在

少年生活在現實世界是充滿挫折與沮喪的，單親家庭的母親之殷切期望，學校教材的無聊陳舊、罪犯危險環伺又令人無力抵抗的紐約城，少年只有在電影院裡才能逃避現實的困境，但事實上電影裡的世界也是罪犯充斥的，但由於阿諾的英雄庇護，使得在銀幕中這個被危險包圍（和現實世界一樣）的角色變得可能認同而接受。

而阿諾在片中第一次進入現實世界的電影院，從銀幕出來時，阿諾發現自己只是別人杜撰出來的角色，所有的性格與生活都是別人寫就，透過電影看板、海報，發現自己的角色只是一種虛構的存在。

(二)發現缺陷

少年在電影所呈現的英雄故事中，發現自己的懦弱與妥協。（掉在電影飛車中看到手榴彈嚇得魂不附體，和在現實中被罪犯威脅反銬在廁所的反應是一樣的。）

阿諾進入現實的紐約城，發現自己「金鋼不壞之身」的限制（會痛會流血），發現生活的苦惱與歹徒的坐大一再威脅自己的角色。

㈢重新建構自己

從電影院進入電影裡，少年開始參與到一個故事的陰謀，和阿諾進行冒險的過程中，慢慢調整對電影荒謬的嘲弄與期許。電影中的女人沒有老的或醜的，電影院的警察局豪華地像企業總部，而和阿諾共同冒險的經驗使其重新建立自信。

阿諾為了持續少年對自己的期望，在艱難的現實中，他必須收拾過去在電影世界裡所向無敵的自恃，來面對真實的困境。

㈣重新建構的自我與現實的相連並存

回到紐約的現實世界，參與電影的少年英雄角色與現實的小孩角色並存，電影空間和週遭真實城市空間混淆（飛車的巷道、深夜決戰的屋頂……），少年的角色其實是所有美國這一代慣看MTV、暴力電影長大的小孩所共同面臨的經驗，他們所意識的世界是真實與幻想混淆的。

在奧斯卡頒獎典禮中現實阿諾與電影阿諾一起出現，這種不真實的並存，使「英雄」和「明星」的角色正式決裂但又差異地互相連繫在一起，阿諾將「英雄角色」呈現了影史以來最戲劇性的嘲諷。

㈤回歸真實存在

小孩決心離開電影世界，回到現實的電影院和生活中，其實是「行動英雄」（英文片名：Action Hero）的詮釋，回歸真實存在並非意味著「差異地點」消失，再是穿透存在於這種鏡像與真實空間，才是最真實的狀況。

阿諾則選擇回到電影裡去，成為有意識自覺的「行動英雄」，而不只是生活空虛、家庭破裂、性格衝動的樣板角色。但電影中荒謬的一切也將持續下去（盛怒的上司、奇情凶狠的遭

遇……）

四、類型電影的差異地學式反省

這部電影最爲成功地不僅是戲劇化地處理電影與電影院的關係，而在這種有意識地處理「差異地點」轉化過程（電影裡的空間是現實世界的差異地點，而現實世界卻也是電影世界裡的差異地點）。使得觀衆會陷入一種鏡像的幻覺（鏡中的自己與現實的自己是混合、交滙地共同存在），而非一如傳統式一味地處理電影中的差異感。

也由於片中有意識地嘲弄過去所有阿諾史瓦辛格的「類型英雄」，因此塑造「類型英雄」中的樣板類型冒險空間，就變成「差異地點」的最佳範例：如提供飛車直接正面碰撞的窄巷、古代武士決鬥的洞穴，義大利黑手黨式的家族葬禮、機器戰警與莎朗史東甚至是卡通偵探一起出入的豪華警局。都成爲觀衆出入於阿諾自嘲式自傳電影的痕跡。也可視爲對「類型電影」體制的差異式學式的反省。

附表

分析類別	差異地點的分析		《最後魔鬼英雄》片中差異地點之分析	
五個階段	鏡像的空間	電影院的角色	少年與少年的現實世界	阿諾與阿諾的英雄電影世界
(一)缺席地存在	打開表層的、不真實的虛像空間中，可使人在自己缺席之處看見自己。	人離開自己的角色與所在，投射到電影中的人物與遭遇。	在電影院裡，少年離開家庭、學校與犯罪充斥的紐約城。	從電影院的銀幕出來，阿諾發現自己只是別人杜撰出來的角色。
(二)發現缺陷	從一個虛像空間的狀態，亦即鏡面之彼端，發現了自我現實所在之處的缺陷與不完美。	在電影情節的場景與故事中，透過劇中人物的困境來發現現實世界的問題。	少年在電影所呈現的英雄世界中，發現自己在母親、老師與罪犯前的懦弱與妥協。	在現實的紐約城，阿諾知道真實身體的限制，對生活的苦惱、歹徒的坐大。
(三)重新建構自己	人再度開始凝視自己，並在現實所在之處重新建構自己。	由於電影的反省，人開始在電影院的黑暗中重新進行對自己的建構。	從電影院中進入電影裡，少年和阿諾進行冒險的過程，重新建立自己的自信。	為持續少年對自己的期望，英雄的角色在艱難的現實中依然進行。
(四)重新建構的自我與現實的相連並存	當人凝視鏡中的自我時，它使人所在之處成為絕對真實，鏡像空間和週遭所有的空間相連，同時並存卻又絕對「差異」而不真實。	電影外的現實與電影內的故事，在觀影者的經驗中並存。	回到紐約的現實世界，參與電影裡的少年英雄角色，和現實的小孩角色並存，電影空間和週遭真實城市空間混淆。	在頒獎典禮中現實世界與電影裡的阿諾一起出現，這種不真實的並存，使「英雄」和「明星」的角色正式決裂但差異地互相連繫。
(五)回歸現實存在	為了感知人的真實存在之處，就必須穿透存在於這種虛像空間，才能更深刻的自我回歸與反省。	離開電影，回到現實世界，或是離開真實世界，回到電影。	決心離開電影世界回到現實的少年成為真正的「行動英雄」。	回到電影裡的阿諾，成為有意識自覺的「行動英雄」。

差異時間

《秦俑》的差異歷史地點

在空間經驗的發展過程中,歷史與空間觀的互動關係是不能被忽視的。古代中國在一個封建完整的體制中(如西方中世紀在天國以下的空間分層建制),存在著相對層級分明的地點整體:貴族地點與平民地點,封閉的地點與開放的地點、城市地點與鄉村地點。在當時的世界觀裡,某些地點,被制度化的力量移轉、安置(例如:皇宮、市集);而其他相對的地點則依其自然的關係而存在。就是這種完整的層級、對立與地點的交關,構成了其封建世界的空間組織。

一、「無地點感」空間的形成

《秦俑》前半段所建構起來的一個古代獨裁者的龐大帝國,就完整地呈現了上述的空間組織,從勞役遍佈的工作場、皇宮、苑囿、到祕密的皇陵。而這種嚴密的空間關係也連接在完整的歷史事件上,用以陳述一個古代的觀點:武士為了忠貞的信念捨棄生命與感情,術士與百姓所挑選出來的童男童女走向他們歷史的宿命。

在《秦俑》的後半段,民國時代的中國,所呈現的空間經驗則

是相當不同的。龐大的清帝國已然瓦解，當代的技術、觀念，使得基地（Site）取代了過去建制的空間層級定位。這是十七世紀西方科學啓蒙時期空間觀的重大轉變，伽利略地球繞日的發現，使其建立一個無限的、且無限開放的空間，封建的或宗教的層級性地點瓦解了，因為某物之地點除了只是它移動的一點外，再也沒有任何意義，所謂事物的穩定性只是它移動中的無限減慢。換句話說，從伽利略開始，延伸（extension）取代了地方化（localization）。（Foucault, 1986）

　　基地是由事物的關係所組成，這些關係區可能分成是序列的、樹狀的、格子……的組織形式。透過生產、消費、儲存、流通的過程安置下來。我們這個世代的空間是如此由不同機能關係基地所形成的。

　　在《秦俑》的後半段裡，皇陵上變成了機能性復雜的「機場」，男主角在「餐廳」裡被出賣、送上「火車」前往別處，或是在塞車的「街道」上追逐。這些最重要的場景都是「無地點感」的空間，而且每一種空間都有其設定的行動規則，使得這位秦代的武將在其中手足無措，人和空間的關係是抽離於「意識」而著重於「功能操作」。

二、「對立基地」與「眞實基地」

　　雖然，民國時代的中國，已有各種占有空間的技術，雖有形塑空間的知識網路，然而其空問仍未被全然地轉化。可確定的，雖然有某些理論上的空間轉調發生（如前述伽利略的觀點），但仍未到達實際空間轉調之際。或許歷史發展的過程中，某些特定的空間仍未被其當時的制度與實踐摧毀。例如：古蹟（長城、陵寢……）、寺廟……，它們隱含了某種神聖化的存在價值。

　　這種特定基地與其他基地相關的奇異特性，是在某種懷疑、

中性化或倒轉的關係中被界定，而這些關係描繪了不同的基地，但它們不能彼此化約、更不能相互疊合，它們與所有其他空間關連，同時和其他基地矛盾。

　　在傅柯（Foucault, 1986）的觀點裡，這種對立基地（counter-sites）在所有文化中和其座落的不同真實基地同時的對立、再現、倒轉。縱然可以指出它在現實中的位置，但這些地點絕對地異於所有它們反映與討論的基地，並稱之為差異地點。

三、《秦俑》的「差異地點」

我們以差異地點的角度分三個層次來討論《秦俑》：

(一)秦陵相對於城市是差異地點

在後段劇情的發展裡，一羣情報人員偽裝成電影工作團體，藉其拍片過程要找尋秦陵，發掘這個古代傳說中的歷史地點；在尚未找到之前的秦陵，類似於那些沒有真實地點的基地。它和當時社會的真實空間並沒有直接的關係。但它以一個完美化的形式來呈現對古代中國的想像關係，此時這個地點可稱為虛構地點（Utopia）。

　　然而在影片結束前，秦陵已經變成一個展覽館，它累積了各種陪葬的兵俑、車馬俑、建立了一個活生生的檔案。把所有秦代的時光、世代、形式、品味封閉於一個地點的意志，在時間之外，建構一個不被破壞之完整時代地點的想法，這種在不變地點上組織某種持續、無限的時間積累計畫是屬於當代的看法。因而這種展覽館對應於古代的文明，成為差異地點。

　　而後段劇情的開展正是從尋訪到進入爭戰的過程，也就是秦陵從虛構地點變成差異地點的過程，神祕的、隱埋於地底的陵墓成為故事的主要場景，所有的人物與事件變成了它的註腳。

(二)電影的前段、後段互為差異地點、差異時間

差異地點通常是和時間相關連的，也就是說它們對所謂的差異時間（heterochronies）展開。當人們到達一種對他們傳統時間的絕對劃分時，差異地點才開始全力作用。如此始皇陵開始了這種奇怪的差異時間，生命的喪失，而墓地也消失瓦解，但其永恆性卻因而昇起時，秦陵才真正成為高度的差異地點。

在《秦俑》裡，一個戲劇性的巧合，使男主角從古代存活到現代，對他而言，陵墓外的空間均是差異地點，那是個和他的身世絕對劃分的時空地緣；而唯一和他同時見證兩個世代的女主角卻由於死亡轉世，沒有前世的記憶與負擔。這個秦俑與秦陵一樣，在其永恆性超越了生命的限制之後，反而揭露了所有真實生命與真實空間是更虛幻的。

電影的敍事中數千年時間的跳躍，只在女主角縱入火海、男主角被作成泥俑的瞬間；影像的蒙太奇完成了進入差異地點的過程，而那些情報人員也由於飛機墮落的巧合而得以進入秦陵。差異地點預設一個開關系統以隔離或使其變成可進入，但進入的過程必須是某種特定的方式，可能是死亡，或是某種特殊的際遇。

秦陵的差異時間似乎直接地揭示了人的愚昧與慾望；秦始皇為求永生而被方士愚弄而投注龐大的心力於不朽空間的建構和無數兵馬俑的陪葬，而後來那些盜墳的人為了搶奪而身亡；男主角的耿耿愚忠、女主角的天真無知，在這個時空並置的劇情裡一再地被命運所嘲弄。

(三)《秦俑》此部電影相對於觀眾是差異地點

電影院是一個奇怪的長形房間，在一端的二度銀幕上，我們看到一個三度空間的投影，一個接一個地引入不同的差異時空。《秦俑》剛開始即是狂沙萬里，百姓淪為奴役從事艱難的工事，刺

客飛馬殺秦王不成,而在決鬥裡被男主角刺殺;整個龐大的古代專制帝國,在數分鐘之內展現無疑。接下來進入皇宮大殿、進入後宮苑囿,最後來到皇陵裡頭。

後段情節則更為嘲諷,開始是集中在某部電影的拍攝過程,所有的時空都是道具,都是虛構的。片中的女配角為了爭取男主角的好感而努力,而男主角提供的愛意也是為了安排秦俑的動機,全是虛假的。這種香港式的「諜報類型電影」模式使觀眾從古代的氣氛裡掉入現代的戲謔的節奏中;彷彿只有秦俑與秦陵是真誠的、可辨識的事實。

從脈脈含情到生死相許到永生的期待。整個複雜故事的核心是如此抒情的主題。在整個劇情中最重要母題是「愛情」在差異地點裡被提升到和「歷史」同等的地位。這是電影空間的差異效應的典型呈現,而《秦俑》則進一步得差異時間體現為可辨識的影像空間形式。

童話電影空間的
差異地學

《小鬼當家》狂歡化的節慶空間

一、童話裡的空間

為了營造童話裡那種光怪陸離令人流連忘返的氣氛，除了故
事中人物角色的突出及劇情的曲折動人外；所有醞釀這些情境的
場景都是經過特殊的經營，區隔自真實而通俗的文化生活，用以
杜撰出一個不尋常的經驗，吸引那些不容易專心的兒童，吸引那
些失去童心的成人，進入這個深具趣味又饒有隱喻的世界。在
此，以傅寇的差異地學理論將這些特殊的童話空間區分為四類
（Foucault, 1986）：

㈠危機的差異地點（heterotopias of crisis）

偏離於常軌的行為、活動或偏離於日常生活之外的，如童話
中常有的叢山或汪洋，森林或沼澤；暗示著某些「非人」的生物
（怪物、妖精、神仙、道士⋯⋯）和主人翁可能的邂逅，如小紅
帽裡的森林或美人魚中的海洋。

㈡虛構地點（utopia）

　　不存在於現實世界的想像空間純粹為人們想像力所杜撰，如愛麗絲夢遊的奇境，孫悟空的花果山水濂洞，揭示了一個迥異於真實或可能是真實的地點。這種沒有真實地點的基地，往往以一個完美化的形式來呈現對現存世界的想像關係（花果山是相對於天庭與人間紛擾的一個與世無爭地）。

㈢歷史或傳說地點（historical place）

　　把所有某個特殊世代的形式、品味對關於一個地點，建構一個不被破壞之完整時代地點的想像，這種在不變地點上，組織某種持續、無限之時間計劃，滿足童話的需求，如：海龍王的龍宮或李伯大夢或桃花源記皆是此種案例。

㈣差異時間（heterochronie）

　　差異地點通常是和時間相關連的，也就是所謂的「差異時間」之開展，當人們到達一種對他們傳統時間的絕對劃分時，差異地點才開始全力作用。「差異時間」與「歷史傳說地點」的不同在於前者預設一個開關系統使多個的歷史地點是隔離而可以進出的，後者則著重於一個歷史地點相對於真實地點的存在；差異時間的絕佳範例是《機器貓小叮噹》裡的時空旅行。所有劇情的張力往往出現於不同時空的人物或遭遇上的錯置。

　　差異時間的差異地點是在一種相對複雜的方式下被結構與分派。有些無限累積時間的差異地點，如博物館和圖書館：一種在不變地點上組織某種持續、無限之時間積累（即傳說歷史地點）；但這些與時間積累有關的差異地點，尚有那些以其最瞬間的、轉換的、不定的時間對應，以一種節慶方式與時間關連的差異地點。這種差異地點不是指向永恒，反而是絕對瞬間的（chroniques）。

在安徒生童話裡《賣火柴的小女孩》最能表現這種瞬時性的差異時間，在聖誕節的晚上因火柴光的幻覺而得到瞬時的幸福感，是所有有名的童話裡最爲悲慘的，也最令人難以忘懷。

二、童話電影裡的空間

在童話或電影的空間中，往往透過更爲逼眞寫實的科技、化妝、場景來詮釋應有的童話，或藉著純粹的電影語言（鏡頭、場景調度、蒙太奇……）來陳述童話空間更多的可能性。（其實童話的戲劇形式與空間提供了電影工業尋找觀眾與創作素材的絕佳機會。）

㈠危機的差異地點

此種類型的最好範例是史蒂芬史匹柏的電影，從《大白鯊》創造了一個驚悚的海灘印象（《大白鯊》應不算是童話電影？），到瓊斯博士的《法櫃奇兵》三部曲裡，透過種種驚險遭遇裡的考古學家與不斷更換的「危機差異地點」來營造電影的戲劇張力。

㈡虛構地點

杜撰不存在於現實世界的想像空間，已成爲我們對電影最爲原始的期望，如喬治盧卡斯的《星際大戰》等的電影中所創造的「死星」或大型戰艦的空間，巫祝盤住的星球，怪物、外星殺手羣混雜的星際城市。或是宮崎駿動畫裡所創造家喻戶曉的《風之谷》、《天空之城》也是「虛構地點」的成功範例。

㈢歷史、傳統地點

引用某種歷史典故或傳奇故事的童話電影，如華德狄斯奈重拍的卡通影片系列：《仙履奇緣》、《小美人魚》、《小鹿斑比》，到

最近史蒂芬史匹柏重新詮釋的《虎克船長》，將一個遙遠陳舊的童話連接到現代美國的庸俗商人家庭，重新製作了大型的海盜船與著名的鱷魚鐘。

㈣差異時間

以傳統時間的絕對劃分使得「差異時間」的電影擁有特殊的活力，這種以相對複雜的方式在結構分派的時間與空間，預設一個開關系統來進出其中，如《回到未來》系列裡，在時光機器遊走於主角的身世之中，引發了所有的趣味與緊張。

以最瞬間的、轉換的、不定的時間對應的差異地點，用節慶方式與時間聯結，最成功的電影即是《小鬼當家》兩集。聖誕節是不斷被引用的最重要節日，在這個象徵救世主降世拯救人們的節日，「拯救」這個主題就不斷地被引用，如《終極警探》兩集中大多空間的意義也因為「聖誕節」而瞬間地被改變（如智慧性辦公大樓變成死城，機場變成眾人匯集地動彈不得的地點），而《小鬼當家》也因為聖誕節變成了歹徒為非作歹與小男主角獨領風騷的機會。

三、《小鬼當家》裡的電影空間

在我們所居住的空間，我們的生命、時代與歷史均發生於其中的空間，本身也容納了許多異質的環境，換句話說，我們並非生活在一個安置個體與事物的地點，卻是生活在一組關係之中，這些關係描繪了不同的基地，但它們不能彼此化約，更不能相互疊合。也因此我們可以經由一組可被界定的關係網絡來描述所有的地點，並透過節慶時對日常生活關係的改造來懷疑、中性化或倒轉這組我們賦予空間的一般性，均質化的意義。

《小鬼當家》第一集（ *Home Alone* ），主要發生在一個住宅

社區（Community）裡，以小尺度的住宅（House）來處理所有戲劇張力的場景。而第二集（*Lost in New York*）則以大尺度的都市（紐約）來作為要戰場。兩部影片同樣是發生在聖誕節美國家庭渡假時，小男主角取代成人處危離的故事，所有劇情的場景（如第一集家中的主臥室、客廳、地下室、通道、樓梯間、社區的庭園道路及教堂或第二集的飯店、都市空屋、大型玩具店、中央公園等……）在節慶與非節慶的美夢中，呈顯了差異時間與差異地點相互作用的複雜關係（詳見附表一）。

四、非童話空間的差異效應

童話或神話存在於每一個重要的文明傳統中，由於其特殊的敍事模式與思索角度，往往揭示出那個產生童話，社會文化的內在渴望或內在矛盾，甚至是跨文化的人類基本性格，慾望的缺陷或補救。這種特徵所創造出來的差異地點對於其他所有空間有著明顯的功能：即是童話的差異空間往往創造一個幻想空間來揭露所有真實空間（被既定的權力、性別、尊卑、長幼關係所界定的、所區隔的是基地）更虛幻的。這些差異地點的角色是創造一個不同的空間，另一個活潑的、有趣的，充滿生命力的空間，來顯現我們的真實空間是如此拘謹、虛偽而充滿權力關係的。（《小鬼當家》裡，撒野的小男生重新詮釋了一個白人中產階級家庭對兒童在生活空間裡的分派關係）

雖然《小鬼當家》兩集的結局都肯定了家庭倫理的重新整合（母子擁抱、迷途小孩回家承認自己過錯並得到大人諒解）與資本主義安和樂利的正面意義（玩具店老闆資本家是慈善家……）但以「童話空間作為差異地點」的角度而言，電影中仍具有重新諷喻美國成人社會生活的企圖，在狂歡化的節慶中，住居的家與城市產生差異的空間脈絡交錯，使權力結構、社會層級在電影空

間的改寫中重現多元指涉的關係。

附表一　童話空間與童話電影

	童話空間	童話電影空間
(一)危機的差異地點(偏離於常軌的行爲、偏離於日常生活之外的空間，作爲事件發生的地點)	小紅帽裡遇到大野狼的森林 美人魚與男主角邂逅的汪洋	《法櫃奇兵》裡的沙漠中著洞窟 《魔宮傳奇》裡的叢林 《聖戰奇兵》裡的地窟石穴
(二)虛構地點(沒有真實地點的基地，往往以一個完美化的形式等呈現對現存世界的想像關係)	愛麗絲夢遊奇境 西遊記中孫悟空盤據的花果山、水濂洞	《星際大戰》裡的死星，怪物、外星殺手羣混雜的星際城市 《風之谷》的風谷、腐海 《天空之城》裡的礦地、天空城
(三)歷史或傳說地點(把某個特殊世代的形式、品味於一個地點，建構一個不被破壞之完整時代地點的想像)	海龍王的龍宮 李伯大夢的夢中地點 桃花源記裡的桃花村	《仙履奇緣》的皇宮 《小美人魚》的海底宮殿 《虎克船長》裡的夢幻島
(四)差異時間 　(4-1)差異時間與差異地點以一種相對複雜的方式被結構與分派，預設一個可進出時空的開關系統 　(4-2)以最瞬間的、可轉換的、不定的時間對應，用節慶的方式與時間連結	(4-1) 機器貓小叮噹裡時空機所能進出的任何地點 (4-2) 賣火柴的小女孩在火柴光中引發的幻覺	(4-1) 《回到未來》裡，時空車所回到的過去與未來 (4-2) 《小鬼當家》在聖誕節時的住家小鎮與第二集的紐約

附表二　小鬼當家兩集，的空間分析表

		童話空間的內容	非童話的空間角色（以一般化的生活關係網絡來描述）	聖誕節所形塑空間的特殊意義（以節慶方式與時間關連的差異地點）
《小鬼當家》第一集	住家	(1)主臥室（父母親即一家之主的臥室）	家庭的權力中心 家庭中最私密的地點	小男主角發現自己獨自在家後第一個佔領的地方，在父母的雙人床上跳躍、進食，取用浴室中的父親用品，取代了家長的權威角色。
		(2)閣樓與地下室	閣樓作為兒童作錯事被處份、放逐的地方 地下室為幽暗的儲藏室的洗衣間	這些日常生活中較不重要的空間在強盜入侵時，變成主要的戰場與逃生地點。
		(3)客廳	成人會客、宴賓、開 party 的大型公共場所	空城計，杜撰的用以退敵的皮影戲舞台佈景
		(4)通道 樓梯 玄關(前後門)	過渡性空間，服務或聯繫主要空間的次要場所	埋設機關的地點／情節張力的塑造場景
	社區（都市旁的新鎮）	(5)社區的各住家外庭園與道路	鄰家間的庭園草坪與美化景觀 社區性的出入口	空曠的、有機可乘的危險埋伏場所 盜賊出入的地緣
		(6)社區教堂	教堂老人是小孩所畏懼的角色 需要人們奉獻付出的地方	教堂老人成為難的救星 聖誕樹是節慶空間的象徵與救贖
《小鬼當家》第二集	都市	(1)飯店	都市中的家（臨時性的居住單元），提供生活上的所有設備 服務人員是日常生活關係角色的取代者	偽裝有大人時是一個取代家的生活空間 只有小孩時，是不被接受為正常關係，提供生活品質的地點。（服務人員變成追捕小男主角的角色）
		(2)玩具店（特殊節日時突顯角色的商店）	非特殊節日時，是較不突顯角色意義的商店空間	聖誕節慶時，是兒童樂園 半夜則成為盜賊覬覦的寶藏地
		(3)都市空屋（小男主角的叔叔家）	將整修的空屋，成為被都市生活所遺忘，甚至是厭惡的地點	聖誕節夜裡小男主角設下機關，成為修理壞蛋的主要場所

	(4)中央公園	提供市民休閒生活的大型開放空間 流浪漢羣聚的地點（紐約的特殊小衆聚集處）	白天成爲節日觀光客遊憩的重要地點 晚上作爲小男主角被鴿羣與流浪漢朋友拯救的場所
	(5)深具都市特色的空間（紐約著名的地點）	自由女神像，唐人街世界最高樓、曼哈頓的天空線，作爲辨識都市的代表形象	洛克菲勒中心的聖誕樹形塑節慶氣息，並作爲母子相會的救贖象徵地點。

新類型的電影差異地點

「汽車電影」的空間分析

一、新時代的空間造物

　　無論是黑色電影中汽車作為暴力侵襲與不法財富的暗示，或是探險電影中汽車成就技術機器的無窮找尋可能，甚至無法分類的那些「汽車電影」，在機械成為文明的頌歌或詛咒之時，汽車這個裝置所拓展的電影空間是多元的，除了勾勒車內作為一種全新類型的空間場景（相對於過去類型電影中的戰艦、古堡或城池），汽車拓展了人類對空間的想像關係，從連接時空的機械到走向未知的探物，甚至是自我救贖的場所。汽車不僅是我們這個時代最重要的空間造物之一，也構成一種電影中新類型的差異地點。

　　汽車在現代時空的角色同時表現在工具性與象徵性兩個層面，它使社羣活動可以減少至少數人的同質團體或家庭成員，甚至只是個人；只要在汽油與公路能夠企及的文明範圍，汽車工具性的角色賦予了人類生活中走向「現代性」的種種可能。而在資本主義化的世界裡，汽車作為高價值的商品，透過廣告透過造形設計來形塑其象徵化的意義，汽車的形式、編號、品牌、速度、

性能成為其擁有者表現自我的符號，甚至是其自我認同的形構要素。因此，汽車作為差異地點的效應則更深入地中介於消費文化，商品意識形態的影像，以及更多在影像中虛構與真實地點的互動關係，歷史意識與權力體系的作用……等等。福寇所提出的差態地學思考向度。

二、汽車作為新類型的地點

在二次大戰後，汽車發展為商品社會中重要的消費品，這個消費市場的開發致使汽車內部空間的配備更加完整、甚至接近一般住宅的起居室，所配備的收音、錄音機、音響、電視、電話等裝置，使我們相信，部分住宅的生活已被轉移到車中，汽車不再只是簡單而臨時的交通工具，而是現代生活部分的延伸空間。甚至在休閒的世界性風潮發展的時代，旅行車的出現則更直接將生活的住宅空間內容配置於一個流動性的車廂中，車的內部空間將現代社會中的變異、易動的非永恆性作了一個象徵性的寫照。

在電影中，我們可以看到青少年文化中以汽車作為約會的工具，在後座初試雲雨的情節；汽車變成一個臨時性的臥室，變成隱密而且甚至是不存在的地方——這是福寇所描述的危機的差異地點。

在《四海兄弟》裡，汽車這個隱密的臥室功能被導演轉變成一個強暴現場的喻意；掌握權力的黑幫領袖男主角在最豪華的餐廳宴請他昔日流落街頭時暗戀的女主角，卻在豪華貴重的轎車後座，展露男性的、寡頭的暴力行動，來彌補他過去成長過程中物質與情慾的雙重缺憾；這也是那個貧乏時代人們集體記憶的救贖地點。名牌車的後座變成了一種時代空間的宣言。

《克麗絲汀的魅力》裡，車擁有了女性的人格，愛美、專注、嫉妒，在恐怖的基調裡，車中那些骨董級的裝置造型、駕駛盤、

皮沙發、錄音機與其懷舊的音樂建構了一個懷舊的氣息，車的內部空間成為一個場所，建構一個特殊世代完整形式、品味呈現的差異地點。

三、汽車作為窺探空間

汽車在社會分工中變為工作空間，不只是生活空間；計程車或公共交通工具的司機，私人駕駛或是每一個不法勾當中的開車接應者，汽車成為某種觀點，注視著參與這個空間的人們，他們在現實生活的困窘與反應，構成一種和現實並存卻又疏離的差異空間形式。

馬丁史柯西斯的《計程車司機》是最好的寫照，勞勃迪尼洛這位越戰歸來的瘋狂司機，在穿越曼哈頓的街道裡，被迫去看到他不想面對的事件，那些在後座發生的「紐約式」的敗德情節，使他必須回到戰爭的本能，以槍來面對一切。

賈木許在《地球之夜》裡，更將計程車司機的觀點擴展深化到各種文化，各種角色對生命的困惑與質問。不論是羅馬的牧師忍受不了淫穢的告解而死去，或年輕貌美地理直氣壯的諾瑞拒絕了星探乘客的邀約，甚至是描述布魯克林的紊亂而司機拒載的故事；在異文化的《計程車司機》中，那種低調的喜劇影像情節變成窺探這個文明共時性存在的無比嘲弄。

《蒙娜麗莎》與 *Light Sleeper*（保羅許瑞德的近作）中一個黑社會老大的司機與毒品販賣的載送者也在他們扮演司機的角色中一步一步深陷於其目睹的殘酷世界，深陷於其同情心或人性所無法企及的靈魂深處，那些魔鬼們就從後座開始對駕駛的良知挑釁，其實也就是對觀眾的良知挑釁，汽車變成這種反省現實的差異觀點。

四、汽車作爲速度的象徵載體

汽車提供了速度的誘惑，速度使人們對時空的注視趨於渙散，使人們只能專注於速度所創造出來的情境，窗外的地點卻在這種專注中流失了。這種速度，加速是同時性的，在快速緊湊的變化過程中，人與地點的關係完全改變，地點之永恆感的消失、空間被壓縮於速度所杜撰的視覺中，出口、入口，逼近的駕駛判斷變成汽車經驗的焦慮來源，儀表板上的指數，高速公路的路標等，創造了無止盡的焦慮，差異時間完整地作用在空間中。

這種速度的焦慮創造了衝鋒飛車隊、創造了人們如何寄望於這種速度的方向所可能提供的目的地，藉由這種汽車的旅程找尋僅僅的「出路」。或是走上「不歸路」的過程裡提供對現代文明未來的思索。

《我倆沒有明天》裡，亞瑟潘透過這對詩人般的強盜夫婦，提出對經濟蕭條時代商品社會的決裂，在汽車逃亡的過程裡，走向不歸之路。而《末路狂花》轉移這種探索的論述爲女性的覺醒，同樣以汽車旅行開始，經歷了誘惑、欺侮，墮落到決裂於主流文化的男性社會。這種以汽車走向未知世界的探索形式，承繼自殖民探險時代的探險類型。如荷索的《天譴》、《費茲卡拉多》，如柯波拉的《現代啓示錄》，還是如庫柏利克《2001太空漫遊》。後來的汽車變成是這種以速度的極大或極小所產生的時空感來探索異文明地景的象徵物。

五、汽車作爲公路電影的外延地景

站在無限向前延展的柏油路，面對著這個英雄式機器的歌頌，汽車其實扮演了這個時代的「人格化」象徵，一個外延的自我與身體，外延成一部機器，外延成擁有魔力的科技器械，依現

代人們所期望的形象而出現，也同時出現在電影裡頭。

　　高達在《斷了氣》中延展出存在主義式的詢問，物化的社會中，大量生產使所有人造物的永恆性消失，唯一的永恆是慾望本身，佔有慾的永恆性導致偷車、上路、殺人、被殺都成為了物化這個主題的註腳，地點、人們、事件都成為那部車的配角。

　　這種指向「虛無」的討論可以在「公路電影」中得到更進一步的發展，從溫德斯道路三部曲中所沉澱出「存在」的深層思索，在真實生活中格格不入的人們在汽車上路後走進了可能的未來，起點和終點變得模糊，相對於路上的所有遭遇、一件件剝落了生命虛弱的虛偽的想望，汽車變成這種覺醒的鐘聲。

　　在《雨人》裡，湯姆克魯斯所代表資本主義物化世界的角色，買賣高級跑車，追逐物質的角色被劇情陷入於一台他父親遺留的1949年別克的古董車中和他反商品文明的自閉症哥哥開始了追溯身世的旅行。在《強盜保鏢》中，凱文科斯納在亡命的過程，扮演了他作一個理想父親救贖的角色，帶著小孩開始他人格回顧的旅行。兩部電影中以汽車來作為生命旅行的隱喻，將「公路電影」發展成家庭「倫理劇」的延伸，汽車就是「家」本身的符碼。

六、汽車作為狂歡化的電影符碼載體

　　在陳國富的《只要為你活一天》中，KTV的廣告車成為貫串全場的最重要符碼，光怪陸離的燈飾、亮光，與命名為「法櫃」（ARK）的文字圖騰，遊走於混亂的道路高架橋裡，遊走於混亂的都市地景、遊走於劇情中混亂的人際關係，遊走在故事的陰謀與法櫃作為宗教法力展現的隱喻中。汽車在這些繁複拼貼的空間記號裡，揭露了其後現代的角色；錯亂的符碼產生多重指涉的空間效果，塑造電影中層次複雜的敘述軸線。產生如巴赫汀眾聲

喧嘩理論中狂歡化的效果，汽車作爲多元文化形式異質並存的符號載體，它與各類具顚覆性的影像或空間形式發生脈絡的交錯，並指向更多電影空間的正文形式相互對話、抗衡的可能。

《銀翼殺手》是後現代電影的重要作品,

類像化的場景不但呈現後工業社會城市的基調,

複製了主題與片斷化的影像敘事風格,

完成了再現電影空間「互為正文性」的脈絡分析。

第 4 章

電影空間的後現代理論建構

羅蘭巴特、詹明信與布希亞

彷彿我同時有兩個軀體：

自戀的那個軀體正凝視、迷失於鏡中；

而反常的那個軀體正預備拜物，

不是拜向影像，而是比它更早出現的：

聲音的肌理、大廳、黑暗、其他身體朦朧的

線條、戲院進口、出口……

——羅蘭巴特，《離開電影院》（1975）

懷舊電影重構了整個模仿（pastiche）的議題，

呈現了不顧一切要佔領失落的過去的企圖……

「場景」共謀地弄混了電影中原來的當代性質，

逸出了真實歷史的時間。

這種藉類像物（simulacra）的藝術語言

……賦予現前現實與歷史的開放性，

創造了一種光滑的海市蜃樓式的咒語和距離……

這種具催眠作用的新美學模式本身，

乃是我們的歷史性之消亡。

——詹明信，《後現代主義——晚期資本主義的文化邏輯》（1984）

類像不再是對某種領域的模擬，

對於一個指涉性存有的模擬或是對一種本質的模擬，

它不需原物或實體，而是以模型來產生真實，

一種超真實（hyperreal）。

——布希亞，《類像》（1983）

一、由結構主義到後結構主義——羅蘭巴特的語意正文分析

羅蘭巴特（Roland Barthes）開啓了當代的符號學，也是法國結構主義到後結構主義的最重要先趨之一。1964 年寫就了《符號學要義》（*Elements of Semiology*），他的符號學研究和語言學家索緒爾（Saussure）、雅克愼（Jakobson）、耶姆斯列夫（Hjelmslev）有關，而且受到李維史陀（Levi-Strauss）及拉康（Jacques Lacan）等法國結構主義理論的影響。

羅蘭巴特更進一步的影響在其廣泛涉及的領域：從神話到時裝、戲劇到文學、攝影到日本俳句種種文化產品，甚至，發展出兩種不同性格的理論寫作取向：一種是具嚴格的科學性研究格式，如《符號學要義》和《時裝系統》（*Le system de la mode*）。而另一種比較特殊的文本寫作形式，如後來的《明室》（*La Chambre Claire*, 1980）和《戀人絮語》（*Fragments d'un dis-cours amoureux*, 1977），詩意的句法形式呈現其後期在後結構主義式思維中對書寫語詞的質疑與反省。這兩種面向的理論寫作

都對電影與空間提出過深具影響力的分析。

　　巴特與電影和空間的關係是複雜而不直接的，他似乎將兩者都只視爲其後結構主義式思維的閱讀對象，對於傳統的電影與建築理論也始終保持距離，然而，卻又重新自其語言學系統思考提出全新的角度，打破了過去傳統分析一向墨守成規的侷限，而對影像與空間的理論指出影響甚大的出路。

　　早年巴特其實對電影納入符號學分析保持質疑的態度，他主張電影是換喻而非隱喻的，只是一種「類比」現實的表達方式。在指意系統中只含有少許語言學組合，是貧乏的系統；但其1966 年發表的《敍述結構分析導言》和 1970 年在《電影筆記》上發表《第三層意義》一文則提出後結構思考方式，他以不動畫格來討論電影而非透過「影片」本身，以「我」來重新解讀和解構，而非簡單的結構方法論。他以《恐怖的伊凡》與《波坦金戰艦》爲例指出影像的三層意義：一是資訊（傳播）、二是象徵（指意），而第三層意義是補遺的，不是理智所能消化的，減弱太過明顯的意義；而且是不連續的、與故事無關，甚至是一個沒有符旨（ signified ）的符徵。在這種反敍述、反邏輯的說法中，畫格之間出現消失的第三層意義不是一般意義中的意義，而是要挫敗顚覆意義的，停止影像敍事（ 水平、組合段 ）而取代以時間性的垂直選擇。也因此巴特建立了一種「互爲正文性」的閱讀方式，是詩意的、多重的，而「我」懸泛其間，他以這種意義的不確定性動搖一般的電影閱讀方式，他給予觀衆一個創造性空間，猶如他在《寫作零度》（ Roland Barthes, 1953/1967 ）中宣稱以「作者」之死爲代價而給予「讀者」新的閱讀之生。（ 齊隆壬，1992：97－100 ）

　　巴特這種視意義在無意義中湧現的方式，就像拉康對隱喻的定義一樣，視語言與表意作用如同兒童的鏡像階段，物質性的經

驗對未來心靈發展有決定性的影響。但巴特最重要的貢獻應是由
於其設定的「我」不只是人稱，而且是主體、軀體、差異的展
現，混合了不同的歷史、社會、語言等元素，（Ibid：100-
101）也因此他建構了一種隱喻式的思考，亦即找尋潛伏在一切
文化符碼下，個體的象徵與想像能力因此而被重新重視。

　　在《符號學與都市》（1986）中，巴特將如此物質向度的符徵
賦予了獨立在符旨之外的生命，用以分析都市空間，他使用「象
徵」一詞來說明一種非語義的、但仍有意義的組合段（syntag-
matic），或置換段（paradigmatic）的整體，而將都市意象視
為不明確的符旨，並且不斷地轉換為新符徵，因此而組合成無窮
的隱喻鍊，符旨消失，符徵保留下來；對巴特而言，城市的主要
意義不是社會性的，而是精神分析的。它是無窮盡的隱喻性論
述，承載了城市的「交融」（sociality）或情欲（eroticism）。
（M. Gottidiener & Alexandros Ph. Lagopoulos, 1988, P.87-
88）

　　巴特在文中批評凱文・林區（Kevin Lynch，1960）的名著
《都市意象》（The Image of the City）中所提出都市語義學式
對「心象圖」的研究。他指出：雖然林區試圖找尋類似音素
（phoneme）和字義（semanteme）式的語義單位：如路徑、邊
界、地區、節點與地標，用以辨明都市中不相連續的單位，但這
種語彙還是傾向完形（Gestalt），而非結構。再則，城市作為
論述語言，在表意作用和其他層次的現象有所矛盾，而且具有無
可化約的特殊性；規劃師對於區域功能的政經面向與歷史賦予城
市的語義負擔，甚至是住民認知城市過程所包含的對立、更迭、
以及明顯並置作為表意的作用。產生了其對「符號學地景」的三
點評論：（Roland Barthes, 1986：93-97）

　　㈠象徵論（必須理解成關於表意作用的一般論述）在今日不

再被視爲是符徵和符旨間的有規律對應關係；追尋符旨只能算是臨時的取向。當人們成功地辨明符旨之後，它的角色只是擔任表意作用之特殊分佈狀態的見證。此外，我們必須注意到我們賦予空無的符旨；無符旨的空間之重要性越來越大。（Ibid：93－94）

㈡象徵論必須根本上被界定爲符徵的世界，這種符徵相關連的世界永遠無法在完全的意義中結束。

從事城市符號學應更仔細發展表意作用裡的區分，並將對空間的語義描述從單位擴大到結構性的分析，如同雨果的直覺，城市是寫作，城市的居民是讀者，隨其想像而選擇陳述發言的片斷。（Ibid：94－95）

㈢符號學決不預設存在一個確定的符旨，符旨總是其他符旨的符徵，反之亦然。因此我們面臨了隱喻的無盡鍊結，其中的符旨總是在退卻，或是自身成爲一個符徵。

城市的情欲向度應被開發，在語義學上，城市是我們和他人（other）相異的地方。在各種中心與邊緣的城市空間裡發掘隱喻的鍊結，探究廣場、車站、購物中心……等種種都市元素的深層意象及其獨特的表意作用，這種表意作用是情欲的、不確定而無盡鍊結。（Ibid：96－97）

這種對空間的語義學式分析是延伸自巴特早年對文學的分析方法：他從早期挑戰結構主義式角度中其以「作者之死」與「互爲正文性」的觀點提出多重閱讀的可能；進而往後結構主義推進，以「個人化」來處理主體的審美經驗以及各類文化造物的客體結構，（夏鑄九，1992：159－191）包括對電影與空間與更多相關的文化形式分析……並在其中進行由「作品」到「正文」研究方法上革命性的運動。

「正文」源自克莉蒂娃等人對這個詞的精神分析學與記號學

的界定。在巴特的觀點裡（1971）正文是一種新的對象，關心的方法、類型、符號、多數性、系統由來、閱讀、以及愉悅感。放棄「作品」侷限於作者消費式的品味式欣賞神話，而採取了以有系統符徵結構而擴展的正文閱讀。每一正文皆是由正文相互之間的關係而掌握，而且形成情境的網絡。如同他曾寫過的關於巴黎鐵塔的神話分析。（Roland Barthes, 1964/1979）

　　艾菲爾鐵塔是一個舒適的對象，此外，它是一個很古老（如：古代競技場）或是很現代（如：汽車電影院，在那裡人們可同時享用電影、汽車、食物、與夜晚新鮮空氣）……從技術性的奇蹟到高級烹調，包括俯瞰全景；鐵塔最終將人類場所具備的基本功能重新統一起來：獨裁，鐵塔可以自存：你在那兒可以夢想、吃喝、觀賞、理解、驚嘆、購物……你會感到完全與世隔絕，但卻仍然是世界的主人。

　　巴黎鐵塔一如汽車電影院都是都市的正文，而且容納更多其他正文的參與與互動，進而形成情境的網絡，這種網絡是語義學式的，而不只是功能式的，功能在此提供了「互為正文性」的可能，從而完成了有系統的符徵結構。而正文的愉悅，如同城市情欲向度的鍊結成為分析的主題。從這個角度而言，電影的閱讀與空間的閱讀得到了一種新的出路，反敘述、反邏輯的正文解讀方式中介於兩種不同領域，開發出新的出路，一種後結構主義式的電影與空間的關係：在方法論上從巴特的符號學地景正文評論延伸出來與影像正文的進一步連結：
　　㈠象徵論的規律對應關係應被放棄，符旨符徵一對一的表意作用也被懷疑；因此，空間在電影中的表意方式不應只被視為具規律對應的符徵形式，場景的象徵是經由符旨追尋的過程作臨時

的定義，無符旨的場景（如空鏡頭呈現的空間與情節發生空間的關係）應被重新看待。反之，電影或各種影像媒體在都市中的空間角色，也不應被簡化為純粹觀看與消費的地點；甚至，在表意作用中，電影與空間呈現其兩種正文之互為符旨與符徵的對應狀態。

㈡符徵相關連的世界永遠無法在完全的意義中結束，因此，電影與空間的語義關係，應從其彼此作為表意的單元角色，擴大到兩者正文的結構分析，空間在電影中被定義的過程需從蒙太奇、場景調度等種種電影構成形式去理解或開發，而電影在空間中的角色則需在城市語義學的分析中被反省與選擇。

㈢符號學不預設一種確定的、最後的符旨的存在，空間與電影同時面臨了隱喻的無盡鍊結，兩者都成為符徵，而且也成為其他符徵的符旨，因此，多重閱讀，即語言的重建，空間與影像正文的重建是巴特所期待的遊戲，兩種深層意象都潛藏著顛覆支配性的終極意義，而且在遊戲中辨識出正文的愉悅，作為後結構主義式的論述實踐。

二、後現代文化的認知繪圖——
詹明信對懷舊電影的批判模式

運用馬克斯主義的觀點，從整體敍事入手分析與後現代文藝美學相對應的後工業社會結構變化是詹明信文化理論的一大特點，他將後現代文化視為突破狹義傳統文化的界限，並擴展到各種新的領域。甚至，滲透入資本與商品的運作之中分析各種形象複製的文化工業，除了他最重視的電影與空間論域外，還有錄影、廣告、繪畫到各種藝術消費形式，詹明信在眾多的理論著作中更嘗試將後現代主義理論化成一種廣泛的文化邏輯，並將它連結於晚期資本主義的經濟體系。

　　因此，他認為當前的文化與社會組織有根本性的斷裂，萎靡的現世主義抹煞了歷史，也不再感覺到會有一個不同意義的未來，出現了一種迷失的超空間（hyperspace）並以此作為後現代文化的最重要特徵。他的觀點還和許多後現代理論脈絡是相關的：一如德勒茲，詹明信分析了主體的那種精神分裂式的崩潰；一如布希亞，他認為後現代主義是一種影像與類像（simulacra）的文化，廣泛地呈現虛擬眞實。他也沿用後結構主義強調的不穩定性和不確定性，用以分析後現代空間無從解讀、無從標繪（unmappable）的特性。（Steven Best & Douglas Kellner, 1991：229-231）

　　在其最具影響力的作品《後現代主義——晚期資本主義的文化邏輯》（*Postmodernism, or the cultural logic of late capitalism, 1984*）中，詹明信提示了一種關於影像與空間的理論啓示，主要是以主體的認知模式著手，他也是從林區的《城市意象》開始討論人們失去標繪都市空間的能力，而且詹明信更進一步地將這種問題納入資本主義的媒體網絡中，在跨國的階級實體裡，主體已失去標定自己位置的能力（無論是個體或集體地）（Jameson, 1984）。但在《認知繪圖》（*Cognitive mapping, 1988*）一文中，他引入阿圖塞關於意識形態的界定：「主體與其眞實存在狀況之想像關係之再現」，從而將空間分析推向社會結構的領域，「認知繪圖」涉及了一種對後現代主義空間探索的企圖，並作為是前所未有難局的症狀與表現。因為，後現代的身體是被極端不連續的空間現實所包圍，而且直接暴露在媒體的彈幕下，所有的掩護和中介都被移除了，班傑明（Benjamin）所謂的氛圍（aura）完全被抽離；在這種脈絡中，詹明信認為「再現」——這種複雜的空間辯論的模型——以影片和書的形式存在，但到了變成影像和景觀的過程裡，指涉物（referent）卻消

失了。（Ibid：347-357）

　　這種以「認知繪圖」取代「心象圖」的計劃在詹明信的企圖中是嘗試要連繫某種有待繪製的（不可再現的、想像的）社會整體性的概念。（Ibid：357）但在他以邁向機械複製主題的觀點裡，他將後現代藝術的自我指涉性聯結到主要以影像形式的內容：如電影、錄影帶、電腦發展……等，而且視其爲是晚期資本整體邏輯的退化形貌。「認知繪圖」在此分析架構之中，只能被視爲是一種烏托邦式的美學企圖，其文化擴張的任務仍然有待開發。但這種主體認知的原創性觀點卻對影像與空間的分析提供了理論的發展。

　　他提出了一如布希亞式的類像物（Simulacrum）的新空間邏輯，而且揭示其對以前歷史時間的重大影響，過去（past）本身因而被修改了，所有歷史性和社會性的「史前史」都被剔除，而變成現在的巨大的影像羣，對救贖式的史學或對死去的匿名且沈默的世代之復興而言，只是衆多相片般的類像物。而且符合後結構主義的語言理論，做爲「符參」（referent）的過去，發現自己漸漸被置入括弧，然後被完全抹去，留給我們的，只剩下文本，此外空無一物。詹明信即以「懷舊電影」（la mode rétro）爲此模仿的議題，將之投射到集體和社會的層次上；一如建築中用歷史主義的字眼來說明後現代主義的兼容主義，隨意的、沒有原則地裝配過去的風格。他認爲如喬治魯卡斯的《美國風情畫》，或是柯波拉的《鬥魚》乃是悼念美國五十年代的輓歌，甚至是羅曼波蘭斯基與貝托路奇也屢屢找尋更遙遠的、超越個人存在記憶的歷史。（Jameson, 1984：70-75）

　　他質疑後現代「懷舊」藝術語言與眞實的歷史性的不相容；但這種矛盾卻將懷舊模式推向複雜而有趣的新形式之創新；他認爲懷舊電影絕對不是某種老舊樣式的歷史內容之「再現」，而是

由風格上的涵意（connotation）來接近過去，藉由影像的光滑性質來承載「過往」，以及藉由流行時尙的特性來捕捉「1950年代風味」、「1930年代風味」這種如同羅蘭巴特在神話學裡的觀點，涵意成爲想像的和刻板印象的觀念性之承載體。因此，懷舊模式殖民了現在，美學風格的歷史取代了「眞實」歷史，並賦予現前的現實和現前歷史的開放性，成就了一種具催眠作用的新美學模式，具「互爲正文性」且包含了美學效果中成熟的、內建的特質，是一種「過往」的新涵意與虛假歷史深度的操縱者。（Ibid：75-76）

　　在詹明信的觀點裡，影像與空間都成了這種新美學的幫凶，或甚至是主角。在後現代的理論建構之中，「再現」取代了眞實，涵意成爲想像的承載體，空間作爲影像敍事中符參的正文，用以標示其時間或歷史感的建構參考地點，變成一種不可靠的想像形式，而影像所爲空間呈現的其再現不同世代不同風格的種種經驗也成爲可疑的神話；因此，對「認知繪圖」的烏托邦式期待不免成爲詹明信的最後宣言。

　　以下幾點將他的特質描述，用以開發影像與空間思考的種種後現代向度：（王岳川，1992：236-243）

㈠平面感：深度模式削平

　　作品審美意義深度的消失，後現代主義嘗試打破現象與本質對立式的深度模式。消除表層與深層、眞實與非眞實、符指與符徵之間的對立；因此，從眞理走向正文，從意義追尋走向正文的不斷替代翻新。（Ibid：236-238）

　　空間不再僅作爲電影意義追尋的載體，而自成影像中的正文而一再更替翻新，而兩者作爲符徵與符旨的關係不再對立、甚至成爲一種無深度的任意組合對應，但卻又拒絕挖掘任何意義。

㈡斷裂感：歷史意義消失

康德式對時間與空間作爲人類思維主體的命題在此消失；歷史性可理解爲個體對人類時間一種存在的意識或對過去歷史興衰變革規律的意識，但這兩種歷史意識皆已消失，後現代的表徵是以無意識的拼貼（collage），取代有意識的組合剪接（montage）。（Ibid：238-239）

在此，影像與空間的組織規範也消失了，只剩下純粹的符指，一種非連續性的時間觀，過去影像敍事中的時序關係所呈現的體驗關係改變了，時間永駐或永變的狀態產生特殊的空間形式，拼湊卻又切斷種種複雜符號及其語法，產生全新的電影空間的可能。

㈢零散化：主體的消失

主體作爲現代哲學的話語，標示著人的中心地位，但後現代主義中，主體喪失中心地位，已經「零散化」而沒有「自我」的存在，如同無情節的小說或蠟像的解眞實化；以此對後現代主體性異化提出抗議。（Ibid: 240-241）

電影所杜撰的空間經驗，或空間重構的影像經驗，都呈現了某種後現代式的感知麻木，主體零散成碎片後，以人爲中心視點被打破，主觀性在支配性意識的喪失中，失去空間或影像調性統一的絕對性（如《閃靈殺手》對種種畫質與虛擬空間的混用式宣言）。

㈣複製：距離感消失

在此，詹明信所描述的「複製」的核心在於「本源」的喪失，商品物化的最後階段是形象；指涉物退隱，過去傳統美學要求的審美尺度的距離感消失了，當今錄像時代註定被形象文化

（包括電影、電視、廣告、攝影）改變人們的思維與生活方式。

電影作爲一門複製的藝術，沒有「原作」，影片任何一部拷貝都是相同的，技術複製終於使「眞品」與「摹本」的區分喪失意義。電影場景取代眞實空間，如同班傑明所揭示的，機械複製使藝術從儀式中解放出來成爲另一種實踐，這種被正文與類像包圍的時代，空間與影像的非眞實化是同步而具全面性的。

三、超眞實的電影空間隱喩──布希亞的類像理論

對於類像的理論，最重要的理論家是布希亞，他宣稱社會編制原則已不再是生產，而是取而代之的符碼與模型形成的社會組織：如電腦化、資訊處理與攝控系統。這種「基進的符號創衍術」所描繪的正是：驚人地增殖的符號已經宰制了社會生活。（ Steven Best & Douglas Kellner, 199：150－151 ）

在討論「類像化的空間是什麼？」之前，讓我們回到更原初的疑旨：空間是什麼？空間的存在與本性似乎已成爲一種基本而普遍的現實本質，如康德的觀點所強調，空間成爲與其相關而且身處其中我們的心智狀態之必要特徵。時間與空間建構了一個眞實的層面，在其中任何基本的層面都能被關照，時間與空間也同時建構了一個擁有自然部分而且肇因於無法迴避的「存在」。（ Benedikt, 1994：125 ）

如果我們將對空間的思考從形上學的層次移往物理學中著重經驗與現象的討論，那「空間是什麼」的問題指向「狀態」還是「物」（ Object ），但空間旣是非物質（ insubstantial ）的又是看不見的（ invisible ），換句話說，空間總是包圍著我們於此地（ here ）或彼方（ there ）。它在我們的心中總是處於可分析的（ the analyzable ）和完全被給定的（ the absolutely given ）之間。（ Ibid：125 ）這種對空間構造的描述到了近代物理之後有

了更進一步的發展：後歐幾里德式的地理學與廣義相對論，使時間與空間的關係更為動態而複雜，使得地理學再度成為極被重視的學科。

但是由於地理學與代數拓樸學的技術，對空間的結構與行為的數理分析能力已有長足的進展，但我們對物理空間實質的尺度、曲率、紋理的掌握在更巨觀或微觀的層次上卻是成長有限。如同在物理空間與精神空間（mental space）的關係，甚至是時空與日常生活經驗的關係都是較薄弱的。（Ibid：126）這些部分的討論卻在現象學中有了較深入的思維線索。

也就是說，我們論及空間是如何出現？如何被我們感覺？或是對空間的多種感知方式與空間本身的關係為何？我們找尋的不只是「空間經驗是什麼？」而是「是什麼使空間經驗成為可能」。感覺的自明性並非充分的思想或必然的自明。在此，空間或許應被視為「存有」於其中的空間，而非所「思考認知」的對象。

這種現象學式的空間思考是延續並反省笛卡兒對先驗這個概念的反省，笛氏認為：除非我們在理解事物的過程中先經驗到自我的存在，否則我們不可能理解任何事物的存在，人的存在之絕對確定性是所有事物存在的條件，而且這種意識與事物（包括空間）的關聯是各種關聯的基礎。然而現象學卻更進一步地指出空間經驗的可能不是人的意識「存有」的外延，而是「存有」內在經驗的一部分。

但如果我們仍希望為空間確認一個定義，那關於此概念的一整組並列獨立的專有名詞應要被掌握：「地點」（location）、「連續性」（continuity）、「認同」（identity）……，但是我們或許應將空間有關的這些知識視為一種「硬體」的操作，不只是存在於實物中的物理化學法則，而且可視為日常生活中身體、

感官、反應與期望的組件，由此對我們呈顯此世界的「時空性」（spatio-temporality）。（Ibid：127）

對空間的明確定義可能是「綜合的、可能位置和可逆轉的運動之舞台，而這個舞台平穩而不完全確立地延伸至我們每個向度的瞬間感知，且還可維持其地域特質。」這些大量的現象組合，包括其邏輯面被經驗的特性，我們稱之為「空間」。（Ibid：127）從這種對空間意識過程的反省，我們更需關注在電影空間中，類像化對空間以下面向疑旨的根本改變。

㈠類像化(Simulation)、內爆(implosion)、符碼化的影像
　與空間

「萊比尼茲（Leibniz）擘劃出一個創造的國度規模，一種具神祕特質的雙元系統，透過僅是零與壹所建立的系統，這種對絕對存在（Being）的整合是從空無（nothingness）開始，但卻可藉由此雙元系統的功能操作而使所有的存有物（beings）發生。」這是布希亞藉以作為他探索符碼形上學（The Metaphysic of the Code）的引言。（Baudrillard, 1983：103）

布希亞認為類像的型態已然改變，從自然法則的領域到力與張力的領域，而至今已進入結構與雙元的領域。因此，形上學思考的內容已從存有與表象到能量與決定性，而至今已進入未定性（indeterminacy）與符碼（the code）的關係：例如遺傳控制，模式化的世代，回饋與問答（Q／A）種種操作性的形構系統，數位性（digitality）是類像的形上學原則。（Baudrillard，1983：104）

記號的問題與其理性的定義開始被拭去，在布希亞的觀點裡，符碼自身只是作為繁殖的中心細胞，由於多量的交錯而製造了其問題與可能的解答，從而選擇可被決定。然而，這些問題是

無法終結的，但這些答案則遺傳式地一成不變地只略帶些微或隨機的差異。

　　這種在類像過程中的記號危機在空間領域也是相同，空間不再被視爲線性或單面向的；而是細胞式的空間，雷同記號的無可定義世代，一如因隔離封閉與無度重覆度日的瘋狂囚徒。空間本身成爲遺傳式的符碼，一種被拭去的記號，內屬於其中，我們都只不過成爲待解讀的細胞單元。所有記號與意義的氛圍都溶解於這種被決定的過程，這種被寫就與解碼的過程。（Ibid：116）

　　在這種類像時代的特徵裡，前述對空間的定義是應被更深化的討論，因爲綜合的、平穩而不完全確定的感知舞台，這種描述一旦成爲模式化的操作性形構系統，那空間就將從存有與表象兩執的現象學式議題，移往布希亞所提引的符碼化領域，空間變成是被消費、被再現的符碼化對象。

　　如班傑明（Walter Benjamin）對機械複製的洞見，他認爲電影透過鏡頭所帶領觀眾的角度和劇中內容是區隔的，觀眾是透過攝影機的位置來感知劇中的故事與場景，他認爲這使得觀眾進入一種評論者的角色，並接受來自影像訊息的測試，但布希亞則更引用了馬克魯漢（McLuhan）的觀點更進一步地將影像所呈現的視爲絕對的訊息，甚至宣稱每一個訊息都是審判（Verdict）或是手術成果。而蒙太奇與符碼化（Codification）是預設了這種訊息被接收解碼的方式，「閱讀訊息只是對符碼的感知檢驗」（Ibid：120），如此布希亞將環境造物（environmental object）和影像、媒體訊息都視爲雷同的測試，也就是說，空間在此已被視爲符碼化的內容，和影像或非影像的媒體形成一樣被操作的理解。

　　布希亞更進一步地藉由馬克魯漢的內爆（implosion）這個概念而宣稱：在後現代世界裡，形象（或類像）與實性之間的界

限已然內爆，從而，對於「真實」的確切經驗與基礎也告消失。
（Steven Best & Douglas Kllent, 1991：150）工業社會中的外
爆（explosion）包含不斷地擴大財貨生產、擴展科學與技術、
擴張國家疆界與資本，以及社會領域、論述和價值的不斷分化。
馬克斯和恩格斯在〈共產主義宣言〉裡則以生產力的不斷變革與擴
大、新模式的運輸和通訊、世界的殖民化來達成工業資本主義的
外爆。總之，現代性的外爆包括了新的科技、產品的分化，以及
財貨與勞務的持續成長。（Ibid：154）

　　至於布希亞的內爆理論，則是描述社會走向疲乏的過程，指
向各種界限的崩潰，包括：意義內爆於媒體，媒體與社會則內爆
於大眾，意義與訊息已中和於資訊相互削平深度的社會場域之
中，在此分析中，後現代性論述所關注的焦點和工業資本主義之
現代性議題是不同的。在其描述內爆現象的最後狀態中，類像成
了主要的母題，「類像不再是對某種領域的模擬、對於一個指涉
性存有（referential being）的模擬，或是對一種本質的模擬，
它不需要原物或實體，而是以模型來產生真實：一種超真實
（hyper real）」（Baudrillard, 1983：2），從這個觀點，空間
或影像則必然發展至另一全新面向的思維。

㈡類像化環境裡的空間與影像

　　狄斯奈樂園是類像秩序所創造的完美典範，空間源起於劇
本，關於幻覺與幽靈的劇本；海盜、探險家與未來世界……
（Baudrillard, 1983：23），如果這些狄斯奈樂園中的遊戲被視
為「想像站」（如：魔山、海底世界），那整個洛杉磯則被這些
想像站所包圍，由想像站提供真實給這個城，這個城具有難以料
想的尺度，充滿無窮盡的幻想循環，但卻沒有實質的空間與向
度，如同那些電影製片廠，只滿足於電影的感官裡，必須依賴重

年符號與幽靈式的幻想來塡充其系統。（ Baudrillard, 1983：
26 ）這種空間的類像化經驗是後現代論述中不斷提及的關注，它
提及的面向已不只是小尺度的個人空間經驗，而是一個村鎮甚至
是一個城市，整個地景的變遷。

　　另一個極具代表性的例證應是 1991 年在倫敦 Victoria and
Albert 博物館所演出的「媒體地景」（ mediascape ），原來即
題名爲「類像」，而後則改爲「日本的視野」（ Visions of Ja-
pan ）。

　　在整個展覽中探討到未來的城市勢必快速地導向一個類像化
的城。如同十五世紀方發現活字版的歐洲，由於印刷而產生對空
間領域的衝擊，新的電子與電訊技術也對城市與建築有了重大的
影響。

　　在其中一個展覽室中，著名建築師伊東豐雄裝置出一個喚起
感知的夢境空間：在一 10×28 英呎的漂浮基地上，由菱形板塊
爲底與五呎高的液晶媒體牆所封圍，而天花板則懸下控制系統的
管路。每一個塊面是一個由四十四個投影機所呈顯的大銀幕，隨
時播放著東京的影像，同時還有從此房間中十六個頻道的喇叭所
塡滿的綜合音樂，最後，到底我們應將此展覽視爲東京的類像或
將東京視爲此展覽的類像。（ Taylor, 1993：13 ）

　　而伊東豐雄另一個著名的建築作品則是「風之卵」（ Egg
of Winds ），建於 Okawabata 一個卵形的空間造物（ 16×8
米 ），雖只是住宅羣停車空間前的一個裝置物，卻是由數以百計
的鋁板所組合而成，在白天閃爍著日光，而夜裡卻由於五部內裝
的液晶投影機投射影像於立面上而呈現影像，這個播放全球資訊
網路的影像裝置依設計師所宣稱乃吹起資訊的風（ the winds of
information ），電視或錄影放映銀幕或是霓虹燈與電子符號看
板之後，這個複合多層影像的空間計劃揭示了類像化環境的設

計。（Ibid：18）

　　Mark Fisker 與 Jonathan Park 的搖滾演唱會裝置則是將音樂、電影、空間整合到整個柏林演唱會現場(Tschumi, 1993)，將 Pink Floyd 的概念專輯「牆」（The Wall）這張七十年代的經典之作與亞倫派克改拍成的電影影像重新集結拼組於其中，主要舞台設計中那道廿公尺高的牆既是電影中反叛母題的象徵，又切合當時柏林圍牆拆除的歷史意義，當然也是演唱現場主景與種種媒體技術再現電影片斷的投影面，動畫、標語、暴動片斷拼組出空間與影像的類像宣言。

　　類像化的思維是指向未來的，空間的定義所指出大量的地域特質現象組合與其邏輯面向被經驗的特性在類像的論述中呈顯了認知的新面向，空間經驗與媒體（尤其是影像）的關係變得越來越多層面的結合、拼組、互動，甚至建構了空間設計與影像創作兩者的新視野。在這個超真實已取代真實的過程中，更多空間與影像的論域應被仔細地開發，找尋中介於後現代性指涉的意義建構。

複製的烏托邦

《銀翼殺手》的類像國度

　　烏托邦是虛構的，烏托邦的存在是由於人們需要一個虛構的
地方來對照自己真實生活的世界，呈顯真實世界的缺陷與期望。
在希臘時代，烏托邦是柏拉圖所勾勒政治與哲學的理想國；在中
世紀，烏托邦是人們對神的國度無限憧憬的描述；在工業革命初
期，烏托邦是機械為人類完成的樂土，摘除了辛勞疾病、災難的
樂土。但到了後工業時代的來臨，我們所杜撰的烏托邦則是一個
透過電腦資訊革命與遺傳工程無限氾濫的國度，那是人類經驗所
仍無法完全理解的未來。

　　《銀翼殺手》（ *Blade Runner, 1982* ）這部電影所描述的故
事，與其說是烏托邦，不如說是一個反省烏托邦的過程，導演以
一個赫胥黎美麗新世界式的發問與反省的第一稱旁白方式，對這
個類像（ simulacra ）已近乎亂真的時代提出了深入的思索，複
製的人對人性的意識比真實的人還要錯綜複雜，複製的城市與建
築形式比真實的現在空間更象徵化地表達了人們的環境課題。

一、複製的人物

　　在《銀翼殺手》，主要的情節在於一羣被遺傳工程師所創造出

來的複製人（replicant）回到 2019 年的洛杉磯去找他們的創造者，希望能延續他們的生命，而「銀翼殺手」的任務即是找回失序的複製人，解除（retire）他們的任務。這些複製人是十分危險的，他們的任務與體能不僅勝任於太空探險的特殊角色，甚至被賦予了人類的情感，使他們能在艱難的時刻依人類的需求作判斷，雖然所有複製人僅擁有四年的生命。

這些複製人應被視爲一種有自主性的再生產（reproduction）而不只是對人的摹仿（imitation），他們是擬像物（simulacra）而非傳統的機械人（robot），他們是依照資本主義社會中一個完美的勞工形象被塑造出來的，具備高等技術、高應變力而且工作生命已被設定爲四年，沒有退休與福利的問題；因此這些劇中的複製人在前往找尋資本家要求重新爲他們過短的生命週期加長時，我們可以視爲那是一個類像的勞工人格爲自己在生產模式中找尋更有尊嚴的勞動者角色。這種對抗的過程，他們是有意識地找尋他們的存在價值，不再只是聽命於他們主人或創造者的機器。

事實上，相對於一個具支配性的體制而言，男主角雖是銀翼殺手，但他的遭遇和這些複製人是很接近的，因爲他也是無法選擇迴避這個他討厭的殺戮工作，否則他將失去其在勞動階層中分工的角色。因此他和複製人之間雖然是「獵殺者」與「被獵殺者」的關係，但卻形成了另一層相憐相惜的同情，甚至和其中一個女複製人發生感情，這種戲劇性的安排使「類像」的意義更爲複雜。

二、複製的空間

這個複製的烏托邦裡，建築形式扮演了場景中重要的表演角色；一個後現代式的發言方式：複製古代的風格形塑了象徵的繁

複意象：代表片中具支配性權力的企業主泰勒公司（ Tyrell Corporation ），在都市燈海中以古埃及象徵法老王極致尊貴的金字塔造型出現，而充斥於滂沱雨中的暗淡街坊裡是希臘、羅馬混雜著馬雅、中國、維多利亞的柱式，與現代的商場攤販。當然還包括第一個複製人被發現的那個 1920 年代式的酒店。這些空間符號的錯綜複雜及其更爲迷離的表意過程，充分表現了後現代美學中片斷化（ fragmentation ）與非確定性（ uncertainity ）。（ Harvey, 1989 ）

　　故事背景中整個未來的洛杉磯呈現了後工業社會末期的城市病態，惡劣的氣候與任置的垃圾與廢棄的都市設施充斥、流浪漢和惡棍徘徊於街道中（應是來自現今紐約寫照的靈感），然而在這些混亂頹敗的景觀之中卻又同時出現了高科技的摩天樓與飛行運輸機，那些日本女人面帶微笑的大型電子廣告銀幕卻幾乎佔領了所有的天空線，這和資本主義現在經營跨國公司的預言是連接的，可口可樂、百威啤酒的大型招牌仍是佔領都市商圈最重要的視野。

　　第三世界國家（特別是日本、中國及亞洲裔）的移民是處處可見的，非正式部門的經濟活力相對於泰勒公司的宰治依然通行於市場中，例如片中複製的眼珠與複製的蛇皆出自亞洲人經營的小工坊中，這些非正式部門的空間與人物，影射著一個似盎格魯撒克遜的白人爲主的種族單一優勢想像關係已然瓦解，而人種的混亂發展導致人與「複製人」無法被辨識的狀態：這也是美國現今後現代都市關心主要議題的投射。

三、複製的記憶

　　爲了使複製人更具有人性，更相信自己是人的方式，是讓他們擁有歷史，個人的歷史、個人的記憶，雖然這都是杜撰的，但

對這些不曾懷疑自己身分的複製人而言，一張老照片則變成所有回憶眞實性的最後證據，也就是說影像成爲歷史合法性的來源。而更諷刺的則是連照片上的影像也是被僞造出來的。讓我們開始質疑一切已從具體的人物對象深化到抽象的想像與回憶方式。

「類像」開始動搖了我們的意識過程，因爲「類像」不是「複製」，複製仍有原來的無可取代的眞實對象，而類像化的過程，眞實對象已然消失，電影中的一切人物、情節，都可能是虛構的；或是虛構的部分比眞實的部分更接近人性的深處。如片中複製人女主角在發現自己珍藏的那張自己和母親合拍的老照片是假的之後，失去了對家與對歷史的寄託，身世的內容並沒有眞正的、絕對的版本，而這種賦予複製人的記憶，只是類像化的經驗，而非眞實經驗的複製，後來的她必須透過摹仿男主角家中鋼琴上老照片的人物、髮型、彈鋼琴的模樣去找回對家與歷史的重新認同，這個過程由於牽動男主角的情愫而發生了戀情，進而挑戰了人與複製人之間擁有眞歷史與假歷史的意義。（沒有歷史的女主角所珍惜歷史的熱忱，顯然比擁有歷史但只剩下老照片的孤單男主角更接近人的渴望。）

杜撰烏托邦的動機絕不是昧於現實，或一廂情願地投身於美好的想像王國；事實上，眞正的思索應是出現於烏托邦與眞實世界對照時，所出現的縫隙、落差與對話。2019 年的洛杉磯呈顯的是現在美國都市問題的誇大漫延的徵兆，一如複製人呈顯了現在後資本主義社會中人們對於階級、身世與歷史的質疑。《銀翼殺手》中類像化的人與空間則挑戰了人們對複製的概念，提出了在意識裡解讀影像中都市與建築的全新經驗。

消失的主體性

《秋月》中香港的後現代城市意象分析

一、零散化（fragmentation）──主體性的消失

《秋月》在影像的敍事裡完全放棄商業電影的窠臼（情節裡準確安排的戲劇性轉折），甚至是放棄了敍事者的中心地位，主體的喪失使其支配性的觀點喪失，我們只能透過那種近乎麻木的感知經驗或僅僅是男主角不斷發問的問題來找尋這個已然遺忘的角色主體，（男主角 Takio 對初戀情人所說的那段自己也爲之愴然淚下的話：已經很久沒有人問我：你家鄉在那裡？你有幾個兄弟姐妹？星座？停止長高的年齡？鞋子大小號數？第一次作愛的地方？最高興的事？最痛苦的事？最害怕的事？）在什麼都不在乎又什麼都找不到的過程裡來重新逼近這種「零散化」的問題，對存在的意識提出了「主體性消失」的質疑。

在這種主體意向性自身被懸擱，主觀感性被消彌，空間已然不再從屬建構一個敍事主題的神話，導演嘗試從一個完全「零散化」的空間意象開始，去拼湊重組其「地方」的主體性，因此自片頭開始，導演就完全拒絕了一般樣板化的香港印象：觀光著名的東方之珠所呈現光鮮亮麗的摩天樓羣（包括貝聿銘的中國銀行

與匯豐銀行所揭示其高科技建築、前衞進步意象），而以低沈哀傷的音樂件隨著建築殘影來表現全片的基調。從片頭摩天樓裡模糊的都市殘象一幅又一幅地出現旋而消失，窗格裡有些路人的倒影正扭曲地移動著，這些難以辨識光影所呈顯的空間形象是導演所認爲最重要的香港寫照。

在如此晦暗的末世題材裡，導演卻對這種沈淪的人格或主體性墮落的敍事主題給予等量的批判與關懷，從最初 Takio 和慧男女主角相遇於釣不到魚的橋上（背景是稀茫模糊而且唯一出現過的摩天樓羣，代表一個在香港失去主體性的都市中心）到最後兩人到海邊釣魚，在荒廢的漁村爲中秋這個深具鄉愁的節日點燈放船燃鞭炮的儀式性救贖。空間上推演出一個找尋自主性的過程，從模糊的摩天樓空間殘象，到稀茫的都市天空線所呈現進步的卻是異化的象徵，最後回到沒有人煙卻滿懷歷史感的漁村，在這個弔詭的告別儀式中，對香港的都市發展身世源頭賦予了哀傷的致意；這和告別是 Takio 對祖先的揮手，是慧對香港的依依不捨，還是導演對 1997 大限的看法。

片中前三次以低空近乎貼在高樓上方的角度俯視城市的鏡頭亦是重播香港空間意象的重要嘗試，第一次乃是模擬慧睡著後以紙鶴的角度飛出窗口，看到密集的街道，擁擠的國宅、憂鬱的色調，但帶著祝福寓意的喜感（紙鶴是慧折來祝福她男朋友的象徵物）音樂。但到了片尾的飛行鏡頭則又回到片頭那種憂愁沈重的音樂，呈現了對這個城市與角色的感傷。彷彿是對這種「零碎化」的空間意象給予眞誠而無奈的描述。

二、斷裂感（disjuction）──歷史意識的消失

歷史性可理解爲個體對人類時間的存在意識或對過去（包括未來）歷史上興衰變革規律的意識。這兩種歷史意識，在後現代

文化中已然普遍地平淡而甚至消失。而《秋月》裡的角色與空間都深深地陷落在這種歷史意識的斷裂感裡，而且是不自覺的。

香港雖然是一個六百萬人的大都會，卻沒有重要的「紀念性」建築，也沒有具主宰性的都市紀念性開放空間，政府部門設於造型平常的辦公大樓裡，而英國早年殖民時期所留下來的古典樣式建築在連續的都市發展過程中消失殆盡這個所謂「超現代（super-modernism）主義」的城市由於其相對於高度功能性的發展所需（大眾交通、經濟、居住），而且更甚者是其追求國際式樣視為進步而反古典歷史向度的態度而成。而《秋月》片中清楚地傳達了這種訊息。

一如慧最喜歡的餐廳是麥當勞，從一歲到十歲的生日都是在那裡渡過的，包括她上學以後同學們的聚會都在這裡，而即將移民的命運引發了她的鄉愁，而當 Takio 提醒她美國只有兩百年歷史時，她的時間尺度竟是以她祖母的年齡來想像（那是她經驗中最老的見證），這種反諷的角色與空間安排（最普遍缺乏地點感與時間感的速食店成為女主角回憶中最有意義的地方）是對消失的歷史意識最佳的寫照。

祖母在客廳裡看粵劇一邊打瞌睡，而慧的畫外音旁白卻提及祖父的死亡與她的第一次失眠（怕母親也會死去），而鏡頭最後停在牆上父親、母親與哥哥彷彿家族紀念死者的裝框照片，因為相對於那個空間，這三個人已經死亡，那是這段特殊時空意識的終止。從移民的觀點而言，她的祖母已在申請表上被視為死亡。但她又是唯一能見證這個時空的角色。那段在病房以 V8 拍成的祖母獨白片斷則更完整交代這個歷史意識的消失，整個畫面是如此地沈痛而無奈，不斷提及希望子孫大富大貴的她堅持要買寬一點的棺木，葬在山頂，可以看到子孫的福祉，而這種遙遠的善意註定要留在斷裂感的空間，不論是棺木、墓園、老人院，還是她

家都是一樣地被遺棄了，被家人與這個失去歷史意識的時代所遺棄。

最動人的一段則是 Takio 用 V8 拍攝冰箱那一段，那個完全裝滿的冰箱對這些失去歷史意識的人而言幾乎是整個古老文明的代表（那也是 Takio 到香港所要尋找真正屬於中國料理的祕密），他認爲這些食物（處理過或未處理過的）、燉的、釀的、佐料，都是千百年留下的東西，像製造原子彈那麼複雜；而在祖母生病後，他們只能吃泡麵度日（那隻絕食的老貓或許是對歷史意識消失的最大諷刺）。

當人們對歷史的態度轉變了，歷史上的未來和任何重大歷史變革的可能性也不存在。在片中，歷史只存在於慧在睡夢中的旁白，提及其祖父教她拿毛筆、背唐詩、畫國書；而唯一的歷史見證是那幅折皺的山水畫、塵封的文房四寶、老照片與 Takio 所在鏡前試穿的古裝。這些證物所揭示的是歷史從來沒有消失，消失的是人們的歷史意識。

三、類像（simulation）；眞實的消失

班雅明（Benjamin）對「機械複製」的觀點中提出大量生產的廣泛運用，技術複製使「眞品」和「摹本」的區分喪失了意義，本質性的判斷標準開始坍塌，但詹明信則更是進一步提出藝術成爲「類像」（simulacrum），即沒有原本東西的摹本，原作消失了，所有照片、攝影、電影，以及商品的大量複製生產，使所有的一切都成爲類像；更甚者則是由錄影的過程改變了人們對影像的看法，甚至是改變了人們的思維方式與生活態度。

《秋月》一片中，Takio 在旅行中攜帶 V8 攝影機作記錄，導演沿續如亞倫雷奈在《莫里哀》或溫德斯在《巴黎・德州》中，以不同影像的畫質來區隔敍事表現的調子，強化了對香港都市的非敍

事性印象。例如：Takio 剛下飛機場之後，透過 V8 那種生冷而粗糙的視野，引導觀眾進入香港，不是國泰航空公司的廣告印象（鮮麗活潑笑容可掬的假象），而是冰冷的公路高架橋、街燈，沒有太多變化的高層國宅，都是單調無聊卻接近香港本身生活節奏的視覺形象。

　　第二段 V8 切入電影中，則是從都市建築拉進旅館的小房間裡，描述一個小單元的生活空間，從牆壁到丟滿內衣褲的桌面、牀上，用鏡頭打量著每一個空間的樣貌：包括那個未著裝的妓女與鏡子裡的自己。

　　第三段則是以端詳都市與室內空間的方式打量的冰箱中林林總總的文明內容，第四段為對祖母在養老院的獨白作臉部特寫。加上三段夜間低空飛行的俯瞰鏡頭，我們可以發現，在片中對香港整個都市空間的寫照，呈現了「類像」的特質，我們已完全無法辨識出傳聞中這個東方之珠被影像所消費的著名都市意象，而是陷入了香港最深層的意識狀態，九七逼近的焦慮，無歷史感的迷失，下一代的拜物與徬徨。在空間中與情節裡深刻地表達了誠摯的感傷與無奈。

四、香港的後現代空間意象

　　相對於《誘僧》所杜撰的唐代長安城，那些場面華麗、故事繁複的經營，《秋月》卻能在更有限的條件中開創了羅卓瑤不受商業取向牽制的企圖，而更忠實而前衛地發展了一個更犀利的觀點，對其一貫的龐大格局（從《潘金蓮的前世今生》、《愛在他鄉的季節》以來的歷史反省）放入了更簡單的角色劇情與空間的類像化處理之中，來展現了她長期關懷的深刻主題；《秋月》中對香港空間意象的後現代式處理手法（不著墨於紀念性的中心化的空間象徵，而透過零碎化的影像去拼湊追溯空間殘存的意義遺址），更

是迥異於同儕的觀點，此片視為香港電影夾縫中的異數，是呈現影像與空間的電影裡極有前瞻性成就的作品。

解構電影空間

從《建築師之腹》到《魔法師的寶典》
中的影像建築史

一、《建築師之腹》──結構主義式的電影空間

在《建築師之腹》的片中，將追求空間的熱情與對生命的枯榮作為敘事結構上的主題；整部電影充滿了對基本幾何形體建築的禮讚，由這些形體組合而成的羅馬萬神殿（Pantheon），與布勒設計未實現之牛頓紀念堂，兩者皆是柏拉圖式理想之形體所組成，而這種圓球體造型又被轉化為小牛頓紀念堂式的蛋糕，也變為文宣海報的標誌。

這個主要形體所類比成男主角的肚子，在電影第一幕中躺在火車上裸裎開始這種暗示，而後來其喝酒鬧事後被拘留詢問時恰站在一石雕腹部下，加上其影印奧古斯都的肚子，想像自己的生命已接近尾聲的過程，最後一幕分娩與自盡同時發生也暗示了同樣的意義。

故事發展的情節持續九個月，剛好和女主角懷胎產子之期相吻合，隱含了生命再生與籌劃建築展覽的平行主題。

在電影中，參與劇情的角色生命過程與場景的安排，空間所賦予的意義及意義被認知等都受到一種結構主義式的規範，這種

規範是獨立於劇情推演與場景之上的潛在知識所反應的關係系統。也就是導演對建築史的建構、對羅馬建築的歷史意義提出其近乎炫學的描述：羅馬帝國時期之廣場與競技場、聖彼得教堂與首都廣場之文藝復興時代名作、一直到墨索里尼的新鎮，這些不同的經典式樣和時代的變遷有著交疊、連續、和複雜的對話。並在這個紀錄西方都市生活的城市中，透過建築來陳述其對人類文明的觀點。

這種預設規範的電影敍事形態是彼得格林那威的個人風格，從《一加一的故事》（動物園）所描述的動物學家形象，到《淹死老公》中透過驗屍者與數字的安排，《廚師、大盜、他的太太與她的情人》中對烹飪與廚房的頌歌，一再揭示著其創作心智所對潛在構成論述的經營。

因此每部電影中的化妝、道具與角色所建立的記號與分類系統，包括劇本中的語言與傳說等，均來自其潛在規範的記號系統。意義必須借助於記號，並且符合此一心智規範，才能被賦予，因此解讀彼得格林那威的電影必然陷入一種記號永無止境的累積與組合過程。

在《建築師之腹》一片中，男主角克拉克是一個來自美國芝加哥的建築師，他陷於中年的事業危機與對建築幻想的傾心依戀中，和布勒這位紙上建築大師的遭遇是一樣的，這個偉大的建築傳統收編了所有建築師的幻覺與專注，但卻回報以現實的嘲弄與卑微的讚詞。這個身為空間創造者的主角卻在建築記號的密林中受到生活與職業的雙重苦疾。

整個電影的場景雖依循劇場的推展而出現，但關乎建築史偉大傳統這個預設的規範所發展的隱喻地點是顯而易見的：在萬神殿前水邊餐廳大鬧一段，儼然是建築中的「大鬧天宮」，一以袒露的肚子與背後的殿頂圓球空間互為指涉。而男主角沮喪到極點

時即是到哈德連大帝（羅馬最重要的建築師皇帝）別墅裡最重要的水中圓形書房廢墟中自怨自艾，而展覽會現場的艾曼紐紀念堂（Vittorio Emmanuele）則是羅馬城中古蹟羣的重要作品。

這種電影空間的處理態度，已揚棄了傳統電影戲劇中，空間作為場景輔助敍事的發展，以觀眾「自我」涉入劇情角色為中心的方式。進而卻以建築語言的結構規劃出「人」的或說是「入戲」的思維（而非人支配主宰空間）作為電影的架構。這種結構主義的電影形式實已完成了過去電影史中的空間新視野。

二、《魔法師的寶典》——解構主義式的電影空間

在電影開始不久，當某本古笈打開，整個折紙而成的模型建築出現，仔細一看，卻變成真正的一個古典式樣樓梯立面，故事中的角色走了出來；此時我們應該相信彼得格林那威已收拾乾淨那個在《建築師之腹》片中的偉大建築史傳統，而進入了更深層的「空間是如何發生如何被認知？」的問題。我們將其視為解構主義的開始。

整部電影的故事雖改編自莎士比亞名劇《暴風雨》而來，但在大量修辭文雅的魔法師旁白外，我們應該無法脫離在影像上近乎神技的繁複效果，這種成就不只是技術上，而是關乎導演對電影視覺空間的全新觀點，在銀幕中出現內框，有時內外框同時是一個畫面，有時內框變為魔法書的書頁，書頁中活動的圖案圖片變化無窮；有時變為另一個故事的場景（如遇難的船、海底遇救的人們），有時則是想像的情節（如魔法師被刺、女兒被害）。其真正的意義是，影像的敍事已不再是模擬一個觀眾完全投入的真實場景與情節中，而是不斷地干擾觀眾的經驗，所有發生的故事是一個魔法師喃喃自語杜撰出來的，而不是真實發生的，一如觀眾原先預料熟悉的閱讀方式。

在這種視圖像、文字、畫面、聲音、舞蹈、光影、裝置為拼貼元素的電影文本形式中，空間已無法再如《建築師之腹》被視為是隱喻的規範系統，而是引導進入非隱喻性的思考素材，因為原有容易辨識的符指（Signified）與符徵（Signifer）式的對應關係已無法詮釋劇情裡錯綜複雜的關係。

整個劇情的開展中，空間的問題變成是場所（place）的問題，場所的成立是由發生於其間的事件情節所定義的。而空間彷彿變成這種建造過程的幻影，某些不存在場所被創造了，並在一段時間內有些人或神或法師或精靈將住在裡面，場所的起源是魔法師的杜撰。這種故事在聊齋在希臘神話中一再的出現，但在電影中用這種形式去處理介於存在與不存在之間的空間卻是空前的，所有的長廊、水池、宮殿、巨宅都彷彿會隨時出現或隨時消失。

從電影開始不久，魔法師走向其女兒房間所經過的那道長廊，除了一個緩慢的移動鏡位，隨著法師儀式性的行走過程外，精靈們在前景、中景、後景都有著複雜的走位與舞蹈默劇表演，更遠處則是更長的柱廊所形成透視感極深的古典建築空間，這種場景調度的安排與其他重要場景（如王子遇到魔法師女兒的庭園、書頁起飛的書房，眾賓眾精靈雲集的大廳，甚至是片頭的柱廊水池）都不是在輔助情節的推演，也不是為一個單一的建築空間傳統歌頌，而是揭示了德希達（Derrida）所謂的「空間的創造乃是對於他種形式的非形式渴望，一種找尋新地點、新柱廊、新生活與思考方式的渴望。」而這種渴望得到了魔法師的允諾，「使場所不是被保存在其可見的形式中，而是慾望可認識自身之處，是欲望生存之處」。

三、電影空間的里程碑

在我們這個時空裡，人類的經驗受支配於媒體的圖像到了前所未有的程度，透過報紙、雜誌、電視與電影裡的圖像潛取了真實，在這種認知的危機中，空間在電影裡的角色有的淪於好萊塢式浮誇的表徵（豪門大戶代表財富與權力的場景），有的則限於敘事架構的拘謹（場景僅為電影說故事過程的配角），雖然杜撰的技術越來越龐大逼真，但電影空間的角色仍然是未被開發的地緣。

彼得格林那威在這兩部電影中對建築史的傳統、對非建築的空間經驗提出了全新的觀點，在這些影像敘事的過程中，所有異質體的空間脫離了同心連貫的體系，而建構了新的空間現實與電影經驗，這是電影空間作品的重要里程碑。

都市的隱喻鍊結

《青少年哪吒》與《只要為你活一天》
的台北次文化空間經驗

　　台灣都市空間特殊性的形成是在一個歷史過程中呈現，經濟
發展與社會變遷建構了混亂的都市地景，國家政策對非正式部門
有意無意的縱容，形成非正式經濟的蔓延與次文化的網路。在國
際經濟再結構的過程，大部分的社會文化無緣被編入（包括草根
社會的文化經驗、傳統民間文化和青少年脫落於主體社會的次文
化活動……）等。但在新的文化脈絡中，這些脫落的文化經驗卻
表達了抵制、突破控制與消極抗議的聲音。（夏鑄九，1992）
　　在非正式經濟與一般社會生活的整合裡，次文化的都市象徵
內容需與生產關係、權力結構與文化經驗連貫起來分析，這種分
析過程可以致力於解除神話的任務，這神話包括兩個層面：一是
主流文化裡所杜撰政治經濟的權力集團的都市幻想，一是房地產
市場中炒作空間商品所塑造的建築與城市美景。從而掌握我們這
個充滿矛盾與衝突的都市文化，至少不要企圖固定或僵化成一套
有條不紊卻遠離真實的都市閱讀方式。
　　如果我們不只拘泥於城市的功能研究調查，而企圖掌握不同
類別、都市閱讀者的感知方式（從本地居民到地鄉移民，從上流
權貴到地痞流氓……），在電影《青少年哪吒》與《只要為你活一

天》中顯然提供了這種各式各樣城市閱讀的可能性，而且主要是集中在「次文化」空間的場所，或是身為社會邊陲人物角色出入於「主流文化」與「次文化」都市空間經驗的過程。

全世界各國電影的誕生皆孕育對自己本土文化的反省，而且必須對抗來自好萊塢電影工業跨國企業式的文化壟斷，找尋戰後各國的文化情境：如都市化帶來的城鄉差距、貧窮、人際關係的異化、傳統文化及生活的崩潰；或特有的歷史社會困境：如法國新浪潮與六十年代互動的關係，美國新電影與獨立製片和反體制的過程，大陸新電影和長期的政治陰影相關。而台灣的新電影也孕生於這廿年來巨大的社會經濟變革之中。

和第一代新電影導演（如楊德昌、侯孝賢）不同，這兩部電影的第二代導演陳國富與蔡明亮，不再只是關注過去戰後四十年來自己的青少年成長經驗，或對這個島嶼本身的歷史政治身世提供批判與質疑；他們嘗試在現實的都市經驗裡，以這一代號稱為新人類的青少年為發言者，對這個充滿荒謬的文化進行都市隱喻的找尋，從底層的次文化活動來剖析主流文化的虛幻及城市情欲中心的脆弱。

一、都市的情欲向度

從羅蘭巴特（Barthes, 1986）所勾勒其對都市的分析裡：他引用了拉康在精神分析裡對語義結構的分析方式，主張在任何文化裡，我們面臨的是隱喻的無盡鍊結，其中的符旨總是在退卻或自身成為一個符徵，反之亦然。而在這些觀念運用城市閱讀時，提出一個和傳統都市規劃的研究與調查不同的向度：稱之為「情欲」（Eroticism）的向度。城市的情欲乃是由都市論述中無盡的隱喻性裡抽引出來的教訓。

這種情欲不只指涉了風化區之類的地區，而是將快感地帶描

述為功能性的概念。以情欲和社會性（Socialty）來描述城市聚集所在的中心。

羅蘭巴特在此描述城市中心為社會活動交換的地方，而且往往是年輕人所表達其城市意象裡特殊限定、集中、壓縮中心的趨勢。更甚者城市中心總是被認為是顛覆性力量、決裂的力量，以及遊戲的力量作用和相遇的空間。中心相對於邊陲是他人所在的地方，是我們自己成為他人的地方，也是我們扮演他人的地方。相反地，所有中心以外的地方，正是非屬遊戲的空間，是一切非屬異己（他人）的所在：家庭、住宅、認同地緣等。

如果在城市裡發掘隱喻的鍊結，那個取代了愛慾（Eros）的鍊結。我們必須特別朝向廣大的範疇，朝著人們主要生活內容去搜尋，例如：飲食、購物、玩樂乃是消費社會中真正的情欲活動。這些大型的商店—車站—遊樂場，基本的表意作用即是情欲的，這種現象傳達了都市的深層意象。

二、只要為你活一天

這部影片的故事是描述一個在 KTV 工作青年的遭遇，某一個出差的雨天午後，無意邂逅了一名神祕女子，撿到她的記事本，從此開始恍惚的追逐過程，也一步步捲進金錢、權勢、性慾和暴力的都市深處……甚至他的一羣新人類年齡層的朋友也跟著掉入這個荒謬的泥淖。

整部電影中最主要的場景正傳達出明確的隱喻，對台北這個城市的「情欲向度」有著清楚的描述：如第一場三角朋友聚會算命及終場過年放鞭炮的咖啡廳內，昏黃的桌前交代著青年男女感情的複雜交錯及百無聊賴。如 KTV 炫麗的空間與廣告車隱含著多少都市人們空虛而脆弱的情緒，在每個獨立的包廂裡容納著完全不同階級、不同類型的人們，從事扮演著他人的地方（想像自

己是螢幕裡的俊男美女，或是引吭的歌星），如歹徒囚禁女主角
的挫魚場，是民間休閒遊樂的重要據點，提供城郊的野外想像式
趣味。這些據點對正常生活是具有顛覆性的力量，而且比風化區
更具體地表達了台灣社會中廣義的情欲與社會性。

相對於這些情慾向度的都市空間，主角或女主角的住家或正
常工作地點（如相片沖洗店）這些非屬遊戲的空間反而遠離了都
市的中心，家中的老神桌（代表傳統文化）或窗明几淨的高級公
寓（代表高私密性的權貴文化）都在這場「情慾」的遊戲中褪色
為配角。

這部影片呈顯了都市空間隱喻的無盡鍊結，在大量空鏡頭
（包括捷運的高架道路、霓虹燈、無地點感的醫院或山景）的都
市寫照裡，電話答錄聲及無線電中無序的對話聲交織為意義混淆
或相互指涉的經驗，都市的表意作用無法被視為是符徵與符旨間
有規律的對應關係。這和傳統都市記號學的觀念已然不同。

三、青少年哪吒

這部影片是以四個青少年（或說是不良少年）在都市中的遭
遇來呈現著導演對這些邊緣的角色（考不上大學又不願上補習班
的兒子，兩個以偷維生的少年與在冰宮上班的鄉下好玩（女生）
深刻的同情。這些主角們正如同這個時代所有不被關懷或不被了
解的青少年；在都市的誘惑與詛咒中沈淪而迷失。

片中的主要場景和《只要為你活一天》的東區文化空間經驗不
同，隨著較低齡較底層的青少年而進入西門町的世界，在這個因
城市發展而衰頹的商圈，如今蛻變成青少年的「情慾中心」，集
結了飲食（二男一女在路邊攤喝酒划拳）、購物（百貨公司買衣
服的女主角逛街經驗）、玩樂（到處林立的電動玩具店、冰宮、
和賓館），在城市作為消費社會中心，這些大型的複合型遊樂

區，在空間的表意作用上即是情欲的，而且是決裂於正常生活的地緣。

　　遠離這些都市中心的空間，如小康的家（脾氣不好的計程車司機老爸與迷信的老媽所賦予的壓力場所），如阿澤的家（哥哥長日不歸，地面常淹水）、補習班（用功讀書的沈悶場所），這些充滿不快的地緣或許才是在底層社會生活空間的真實寫照。

　　整個電影的結束在於電話交友中心的深夜，在蜂窩般的木板隔間所呈現無地點感的空間裡，許許多多的青年男女對著訊號亮起的電話喃喃說著，寂寞的人們在這些和真實生活經驗空間斷裂的地緣人，藉著聲音滿足自己的情欲想像。

四、次文化空間的影像表意

　　當我們發現在都市研究的另一階段上，對意義的需求出現了，空間在表意作用和其他層次的現象之間有某種矛盾，甚至表意作用的經驗和客觀資料相當不同，那麼表意作用與現實本身之間（客觀地理的現實）也有所衝突，但這種對都市空間的閱讀，本身應即包含了這些對立、更迭以及元素矛盾的並置（如片中青少年文化與主流文化的對抗與妥協）。

　　《青少年哪吒》與《只要為你活一天》對台北空間經驗進行都市隱喻的詮釋，在主流文化與次文化的關連矛盾對抗的影像描述中，對這個空間隱喻無盡練結的情欲城市提出更深層解讀的可能性，藉此讓我們面對台灣都會錯綜複雜的真正現實。

電影的歷史空間

異形博物館的解讀

ALIEN WAR 的三種解讀

當電影擁有自己的歷史，擁有自己創造的時空，在情節發展過程的衝突矛盾裡建立了種種耐人尋味的角色、事件與地點時，這些期待著更多續集的觀衆正嚮往著這些集體記憶可以一再地被溫習（縱使劇情可能是恐怖、怪異），可以發展溝通成另一種我們這個時代所擁有的特殊文化經驗。特殊的電影博物館形式正是在這種動機中出現。

《異形》（Alien）是擁有自己歷史的重要電影例證。無論是雷特利史考特宣示了第一集裡這種異星生物的出現與肆虐的恐怖經驗，或是詹姆士卡麥隆渲染了異形盤踞星球與特遣隊短兵相接之史詩般鏖戰，進而到第三集裡監獄深處無望的抵禦巷戰至最後女主角的殉身，都使「異形」成爲最重要恐怖科幻電影的集體經驗。

在倫敦市中心、重要的商區比卡得利廣場（Picadilly Circus）中，名爲特洛卡德洛（Trocadero）大樓裡，設立了一種「ALIEN WAR」的遊戲現場，在燈光昏暗的空間中，以三度

空間的投影呈像方式重現了人們可以身歷其境的異形經驗。除了這個被異形追逐襲擊的現場經驗外，形塑異形記憶的種種證物也陳列於現場。對於這個遊戲空間，筆者在此提出三種博物館的概念來分析電影與空間的內在關係，進而討論影像與空間，影像與歷史真實的種種對話。

一、證物的博物館

博物館裡的時間是凍結的，凍所描述或記錄的事件之後，收集的證物、資料、種種註腳，用以那個事件或那段歷史是真實的；對於過去的回顧可以提供未來或是現在的啟示，或僅僅以那結的歷程來喚醒略被忘懷的經驗裡的情緒或感動。

異形博物館裡所有的陳設均是用以證明一個杜撰的故事，但無疑的參觀者仍然將其視為某歷史事件，甚至視為神話或傳說之類非史實的故事提醒了和關注歷史等量的好奇。參觀者仍能意識到這段歷史有兩個層面：一是杜撰情節中的歷史，包括三集裡所有的角色所歷經的變故叛、犧牲，或倖存的過程。二是拍攝過程的製作歷史；包括道具、化妝、場景設計的演變過程。

然而在面對某些逼真的證物時，訪客往往直接投射情緒於情節中的歷史：諸如太空船裡的臥艙在三集中作為恐怖經驗的起點或終點，諸如第二集裡特遣隊的武器裝備或零件，或是第三集裡獄中的工作服，都是凍結其歷史經驗的物件。

依電影中等比例大小製作的異形模型站在入口是栩栩如生的，然而轉角桌前培養皿更令人望之卻步，由於第二集情節將特遣隊帶入那無人的基地中培養皿溶液中的異形幼蟲彷彿注視著整個過程；博物館雷同於情節發展的陳設更容易喚回當時的戲劇效果。

部分的劇照張貼在牆上，像歷史畫面或老照片一樣地重述著

故事的細節，但那些劇中的主角出現於此博物館的留影像片則弔詭地將異形歷史的層面拉回到和訪客同樣的異質經驗，遠離或觀望歷史事實的觀眾經驗）。演員既是歷史角色又是電影工作者又是博物館的訪客，這是凍結的時間所擁有的多重影像經驗。

二、影像的博物館

這裡出現的影像吸引了無數觀眾的圍觀；除了在大樓門外的電視牆不斷重播外，在售票口、博物館及現場入口之間的門廳都設有數台電視，除了了解羣眾等候的焦燥外，也同時醞釀起重返遭遇異形過程的緊張氣息。影像的內容包括三種層面：

㈠是剪接過的電影片段，諸如電影的預告片一樣地塑造精簡準確的戲劇效果，包括一、二、三集裡最驚心動魄的鏡頭，如第一集裡初次誤入巨洞發現蛋羣時的恐懼、或第二集遭遇異形後特遣隊交鋒失利近乎全軍覆沒的鏖戰、第三集女主角心力交瘁地躍入熔爐的絕望過程。特別是第二集進入異形盤踞的星球基地之過程，因為整個遊戲現場即是以其為主要場景。

㈡是將參與這個遊戲現場的過程剪接成雷同電影的片段，參加的遊客如何遭遇異形、如何呼天喚地、如何在現場空間的燈光變化中逃逸、躲避異形的攻擊；並訪問遊客的感想，剪接到後段之中，在這精簡過的影像中宣傳其遊戲的效果，但在節奏上整合了前者的歷史經驗，構成完整的面具連續感的情節。

㈢是一個百事可樂的廣告，描述著兩個小男孩遭遇異形的襲擊，在追逐的過程中所歷經的雷同於電影的驚悸，最後雖然異形由於得到他們身後自動投幣機器裡的百事可樂離去而以喜劇收場；但廣告最後打出的字幕是「百事可樂是新生代的選擇」無異是將異形的影像經驗轉移為歷史經驗，更甚至是「進步」的文化經驗。

　　因此，在這種影像的博物館中，流動的影像呈現著流動的時間、流動的場景。所有的歷史經驗都是動態的，不曾凍結的，甚至只是一種類像（ simulation ），因為真正的歷史事實也是杜撰的電影情節，拷貝為無數的膠卷發行放映。這些沒有正本的類像形式完成了一種新的博物館經驗。

三、歷境式的博物館

　　整個大樓地下室的大半空間被重新設計為異形佔領的基地，參加遊戲者被設定為一羣將從危險佔領區中逃離的人們，由一個扮演特遣隊的武裝人員率領進入，閃爍的燈光、金屬地板與網狀廊道天花板，暗示著異形出現的種種可能。

　　在迂迴的廊道中，重現了電影裡幾個最重要的場景，丁字型或十字型的走廊，或管道間的轉角；每每有異形從一端奔撲而來，諸如電影中同樣的猙獰迅速；或是暗示著希望的電梯、或緊急逃離用的小型太空艙座椅，異形都在停電一片黑暗後重現電源時如同電影裡的方式出現，從天花板或門前飄現。

　　整個緊湊而恐怖的歷險過程其實是由那個特遣隊員所操控，如同女主角在第二集中隨同太空特遣隊的經驗一樣，整個節奏是由怒叱恐嚇的口令與不時射擊的槍聲所引領，武裝者其實不是保護訪客，而是整個遊戲的主持人，他導引著人們的注意力轉移，而使每個異形出現的戲劇性效果增強（如進入太空艙與電梯間都是在他引導中進行），但事實上，慌亂的氣氛也和電影中的經驗相仿，因為參與者早已被突現逼真的異形所嚇得分不清整個過程的設計。

　　除了戲劇形式的參與表演效果外，其實真正的恐慌由參與者的想像所形構。熟悉電影情節者都知曉異形可藏身於任何地緣，尤其是自天花板或自甬道兩旁中伸出其魔手；在管道間裡許多特

遺隊員遇難其中的回憶更深化了這些想像，甚至某些異形未出現的地緣仍是驚險無比的（如走過其羣盤踞的樓梯深怕有幼蟲會破殼而出）；這種電影空間的歷史記憶將凝聚成夢魘困擾著已經脫險的女主角或觀眾，成為這種恐懼的真正主角。

四、異形博物館所揭示的電影歷史空間

當媒體佔領人們的記憶、電影經驗構建集體記憶的主題時，追溯歷史事實的方式已和追溯的真象成為同等重要的議題，更何況是真象等待著杜撰與發展的電影情節。

異形博物館揭示了一個電影空間未來發展的方向，再生產的所有異形造物都一再鞏固著這種虛構生物的生活印象，一直到每個人都只記得最駭人的情節而忘了質疑想像塑造的可信度。

博物館不啻也重覆這種任務，在空間、在影像中嘗試說服著人們相信那些自己未曾經歷的朝代或演化的歷程。在這個類像逐漸擴張的時代，或許情節取代證物，情緒取代認知的國度不遠。異形博物館揭示著這種電影空間歷史意識的建構過程。

類像策略

《聖誕夜驚魂》想像站的狂歡節

一、空間的類像(simulation)化思考

對空間抽象化的理解方式,其實不只是化約爲地圖,複製、或鏡像化或觀念化的實質空間。類像化的空間不只意指著領域(territory)、參考式的存在物,它揭示了一種沒有來源或眞象的眞實,即是一種超眞實(hyperreal)。在這種觀點之中,領域不再先於地圖或不依賴地圖而存在,甚至我們可以說這地圖是先於領域而存在。(Baudrillard, 1983:2)

在這些超眞實的國度中混合的模型綜合產物形成了沒有環境氣氛的超空間(hyperspace),這種類像化的過程,地圖與領域共同延伸性消失,因爲類像化的操作是根本核心起源式的革命,而不只是特例的、論述性的思考。甚至是形上學式的移轉,眞實的本質與表象之間的差異消失。(Ibid:3)在布希亞的觀點裡,思考的焦點不再是將眞實符號化,而是整個符號化的過程(包括疑旨的取向、敍事型式……)提供了對眞實與想像之間差距的消失。

在傳統美學中,審美尺度總視藝術是不同於生活,藝術不能

等同於生活，藝術與人的現實生活拉開距離後才會給人以審美感受。然而在進入「機械複製」的時代後，技術複製在工業生產中廣泛運用，使眾多摹本代替獨一無二的藝術品，技術複製使「眞品」與「摹本」的區分喪失了意義，本眞性的判斷標準開始坍塌。（王岳川，1992：242－243）然而當我們視藝術成為「類像」，成為沒有眞品的無限摹本形式時，藝術的距離感消失了，這是後現代生活的最佳寫照。

影像空間與繪畫空間的差別是最具代表性的例證：人們看畫時，都可以辨知繪畫作品中的空間是杜撰的（不論具繪圖形式或視點精確模擬眞實的狀態），但面對電視或電影的影像空間時，卻往往直接將其視爲現實，但這種現實卻又不是眞實的現實，而是類像化了的現實。在此本文和類像包圍視覺經驗的時代，現實感消失了，非眞實化的空間與可複製的影像改變著人們的生活方式，甚至是對空間的思維方式。

布希亞還指出類像在歷史向度中的三種發展階段，從文藝復興開始的「膺作」（Counterfeit）到工業時代的生產（Production），至今日由符碼（Code）控制的「類像」。這些不同階段的秩序植基於其不同的價值法則（law of value），第一階段是植基於「自然法則的價值」，第二階段是植基於「商業法則的價值」，第三階段是植基於「結構化的法則價值」。（Baudrillard, 1983：83）

這種價值的發展過程和空間作爲文化形式造物的思維是等同，文藝復興時期封建體制受到中產階級興起影響而產生文化記號的意義轉移，空間的形式從過去君權神權與封建地主的宰治制價值轉移到布爾喬亞的價值，將希臘羅馬的帝王建築元素「膺作化」爲空間設計語言，甚至視其爲正統的、襲古的（Classic）的傳統。而到了工業革命，空間和其他造物一樣成爲大量生產的

商品，服膺了技術的準則。在意義上，這種空間的「生產」模式甚至還可深究到人們視空間爲生活的機器，其實是將生活也整編爲生產的模式之中，空間只是整編到這種以商品法則模式的部分文化形式。而時至今日，影像空間在資訊化建構的世界裡形成了「超空間」的宰制形式，所有空間的感知方式都已被數位化、被視爲密碼與解碼的過程，甚至由於媒體的漫延，人們從這種超眞實的經驗中去紋述空間、理解空間，致使眞實與想像之間的差距消失。諸如狄斯奈樂園這種本文與類像交織成的空間形式，不啻成爲第三階段類像化的經典例證。

二、《聖誕夜驚魂》的類像空間分析

提姆伯頓（Tim Burton）在《聖誕夜驚魂》中所希望區隔自狄斯奈式的刻板動畫形式的構想是無庸置疑的，所有狄斯奈式的卡通角色特徵：親善、溫和的形象在劇中成爲被嘲弄與諷喻的對象。如何創造一個不陷於窠臼而饒有創意的聖誕節，不只是劇中主角傑克的難題，也是提姆伯頓許久以來的心願，甚至是對傳統動畫形式的重新反省過程。

然而在我們以「類像化的空間」的觀點而提出觀察而言，《聖誕夜驚魂》是比狄斯奈式的動畫更具體的類像化，在更爲繁複的打光形式、更爲殊異的鏡位遊走過程，結合了更多視覺效果的處理，使其原有杜撰的非眞實「超眞實化」。

以下我們分爲三個向度來討論片中類像化空間的特質：

㈠記號化空間的解碼變形與重組整編

類像的內在秩序是以符碼的結構化眞實，透過符碼的建立、組構、轉移來整合其結構性的邏輯。在《聖誕夜驚魂》中的主要場景區隔爲「萬聖節村」與「聖誕節村」，以節慶的空間化來定義

其劇情主要架構的來源。由發展節慶附屬相關的所有符碼來推演故事的鋪陳，如萬聖節村中的角色、從骷髏傑克、怪博士、吸血鬼到幽靈小狗……種種典故中的惡漢，和聖誕節的空間裝置傳統：聖誕樹、煙囪、襪套，到皚皚飄雪的窗口燈飾……皆是此例。

　　然而更有創意的是這種符碼的變形與疊合重構，怪博士的作品布娃娃女主角可縫合的肢體使逃離與解救的難關得以渡過，聖誕節禮物變成了人頭，巨蟒、聖誕老人與麋鹿都成為無肉身的骷髏骨架……雪人集聚的聖誕村市街或是萬聖村的廣場及惡人的刑台都以更繁複的視覺技術予以更多的轉化。

㈡劇場化的空間表意

　　整部電影裡以「音樂劇」貫串全場，那足智多謀而有悲劇性格的主角傑克不免令人想及《歌劇魅影》的幽靈，而走入怪博士的小屋裡，旋轉樓梯的變形人影、先於角色而到的光影效果及雷同的視效，則可視為對三十年代表現主義式恐怖片的致意。

　　電影裡其實是動畫為主題，人物有的是陶土捏製而成、有的是布身、有的則是以電腦合成的光暈效果製造出來，所有的建築、景觀與室內陳設皆是以「非真實」的形象出現，這是「劇場化」的空間區隔且現實空間的基調，因此這種劇場化的空間表意形式不僅是結合對過去種種戲劇形式的致意，也同時在影像中完成了無真本的多種複製形式的整合創意。

㈢想像站所積累而成的空間

　　創造虛幻的「想像站」（Imaginary Station），原是希望對了無生趣的、無地點感的空間賦予真實或真實能量（reality energy），諸如加州那種超大尺度卻沒有空間向度的郊區、核

電廠、電影片場。然而由這些想像站積累而成的城市卻形成了不
真實的循環。在《聖誕夜驚魂》中，場景除了轉換空間的密林外，
只由兩個完整的節慶式想像站所合成，這種創造虛幻的動機原是
希望使虛幻想像站外的空間更為真實，然而在我們這個已為視覺
媒體所佔領的世界而言，真實與超真實成為互相滲透的關係，對
想像化空間與現實空間的區隔一如空間與超空間一般的模糊。因
為我們並無法剝離節慶或對節慶的想像，那片中想像站的意義就
必然與真實空間產生辯論式的互動。

三、類像化的空間策略

　　此部電影的貢獻是類像化空間的里程碑，在其繁複的形式創
意裡，從可爬動的蜘蛛領結到可屈伸的山巒地景，影像中的空間
或造物不再是複製自真實世界的贋品，而應將其視為對真實空間
之典範性思考的反省。

　　當類像化的策略是將現實解構為種種細節，將無窮盡的投射
內容視為無窮複雜與再複製的遊戲，此時，真實不再只是用以被
投射的指涉物，而是不斷回歸自身的再建構、再複合的主體。
《聖誕夜驚魂》完成了這種對空間符碼無窮辯證式地複現而重新建
構其主體性的過程。

世紀末的「再現」理論

《溫柔之夜》的後現代影像空間

一、十九世紀末的歷史經驗

從十九世紀末發展的歷史經驗來重新思考廿世紀末的狀態可以揭示「世紀末」的真實處境。歐洲自文藝復興以來，近代社會逐漸形成，啟蒙時期之後理性主義和科學主義日益發展，形成支配性的思潮；從笛卡爾以來的實證邏輯式思維走向極端，人的價值在客觀主義中被異化為客觀世界的工具性存在。生存主體性的質疑與找尋成為世紀末的沈重課題，十八世紀末的浪漫主義者、十九世紀末的思想家與廿世紀末的後結構主義者所致力去面對的歷史任務。

世紀末是價值轉換的時期，上一世紀末在知識領域出現多面向轉換的契機；在哲學領域，尼采倡言上帝已死，提出重建信仰的形上學思考，在心理學中，佛洛依德 1900 年著《夢的解析》奠立精神分析的基礎，在物理學上，1905 年「野獸派」出現的那一年，愛因斯坦著《量子論》提出相對論這個近代物理的里程碑概念。這種種觀念和理論展現和過去完全不同的局面，可以說是對十六世紀以來逐漸僵硬或教條化的理性主義和科學主義的叛離。

　　世紀末的價值轉換在法蘭克福學派的指稱裡是從啓蒙走向野蠻，並沒有使人性更趨於圓熟，反而在歐洲社會造成已近代化國家和近代化中國家的戰爭；由於世界從歐洲擴大到殖民地的亞洲、美洲等地，戰爭也就擴散到其他地方。近代化中的國家因社會處於這種過度狀態，往往成爲法西斯的沃壤，西班牙內戰、而德國更明確展現了這種現實，從而引發世界大戰。（李永熾，1990：85-87）

　　世紀末在戰爭以前，相對而言，1870 年代以後的歐洲，比起前幾個世紀，歐陸本土內部進入了較爲和平繁榮的階段，而且，到了十九世紀中葉，工業革命爲人們帶來了較優渥的物質成果，（Ibid：85-87）這些經濟上的發展引領了「世紀末藝術」的物質基礎。

二、廿世紀末的困惑與挑戰

　　廿世紀末對價值轉換的反省應追溯到 1960 年的運動年代，資本主義管理機制與國家的角色受到強烈的質疑，從上半個世紀的世界大戰以來，冷戰時代政局至今的演變，資本主義社會與共產主義都產生了重大的轉換。東歐與蘇聯所締造的第二世界雖已然消解，第三世界國家政局仍持續震盪。

　　資本主義社會進入資訊化的時代，技術的衝擊正如同工業時代替換農業時代所引發的紛亂，在這新的資訊時代要替換工業時代的過程中，從個人到企業到產業到國家，從生活到信仰到科技到思想，各種新舊利益的衝突，各種新舊勢力的矛盾，一再相互湮沒再重組，不斷彼此結合又消失。除了上段提及的權威解體、獨立運動、選舉日益複雜、中央與地方爭權，戰爭與動亂一觸即發，這些目前世界各地共同遭遇的政治困惑外。貨幣、運輸、宗教、國際組織、犯罪集團與工作型態，一切都展現多向度的鉅

變。

　　這些以電腦、電子、資訊、生化等為基礎，將其稱為未來經濟的「最高原則」。並預測到彈性化生產、市場利潤，兼差工作方式盛行、媒體從大眾走向小眾的種種新趨勢。並指繪出生產者與消費者合一的新型態——產銷合一（prosumer），工作場所從工廠移回家中，這些未來產業的衝擊不僅改變了人們的生活內容、生活方式，事實上，這些衝擊更根本地改變了人們思考的內容與思考的方式，「知識」的定義開始模糊，從後現代或後結構主義的關心主題中可以窺見這個世紀末的困惑與挑戰是前所未有的。

三、世紀末的藝術特質

　　上個世紀末的藝術特質是具有極強烈的顛覆性格，它是反寫實主義與自然主義的，不論在文學、繪畫……各種領域，世紀末的藝術本質除了頹廢與再生的底層意含外，並隱藏著更大歷史社會脈絡的勾連，描述如下：（李永熾，1990：85-87）

　　(1)雖然大型戰火已去，但廿世紀末與十九世紀末一樣面對著武力均衡下的假和平，內部仍蘊積著種種危機。從「三個同盟」到「第一、二、三世界」的分野及其隱憂、知識份子與藝術家仍關注著種種內部的不安。

　　(2)兩代之爭仍是顯而易見，十九世紀老一輩堅持理性主義所形成的市民道德、老藝術家則把持著寫實主義與自然主義；新生代反抗上一代的道德體系，新藝術家則嘗試更前衛的創作型式，企圖找尋更大的自由與解放。而廿世紀末老一輩堅守六十年代運動或大戰的教訓，老藝術家延續現代主義末稍的種種風潮，而新生代已自成新人類的價值觀，新藝術家則在媒體與資訊的強度發展中走向更前衛的裝置與視覺實驗。

(3)十九世紀末，工業革命在種種表象上呈現了機械文明的進步；新的材料與新的技術提供了新藝術的課題，如現代建築以鋼鐵、玻璃的新美學取代新古典主義與折衷主義以來的傳統。而廿世紀末，種種視訊技術的革命，致使再現（representation）的藝術形式被廣泛的討論與引用。

(4)十九世紀的「國際化」延續自殖民地時代歐洲國家對非歐國家的視野。從非洲土著世界、埃及、土耳其、南美與東亞的異國藝術汲取養分。而廿世紀末則由於資本主義文化商品的建制更完整地建立世界網路，搖滾樂、MTV、電影，到種種音樂、舞蹈的演出，甚至是衛星電台的建立，比上個世紀更快速地影響區域性的國際化視野。

(5)世紀末在標榜新風格的同時卻卻又往往是懷舊的，對於傳統的式樣往往被整合到新的風格裡，如十九世紀末藝術仍含有新材料，有重塑的文藝復興或歌德式的飾樣；而廿世紀末後現代主義的興起，則更對完全去傳統的現代主義提出反省。

四、溫柔之夜──再現的後現代電影場景

《溫柔之夜》是委內瑞拉著名導演里奧納多・漢利奎斯的作品，整部影片華麗而頹廢的影像基調勾勒出如克林姆（Gustav Klimt）在維也納留下的分離派畫作氣息，瑰美的設色、構圖，甚至是題材都透露出典型世紀末那種隱藏在絕美形式中對那個時代的抗爭與反省。

《溫柔之夜》全片嚴格說來只有四個場景，二個在室內，分別是主景屋中的酒吧與浴室，另二個在室外，一是片頭男女主角緩緩走進的屋外花園，一是片尾的偉人紀念廣場。這是極為象徵化的安排，而且透過水的意象將四者串連在一起，浴室中浴缸的水、酒吧的水族箱、花園與紀念廣場的水池。成為視覺上的重要

符碼，而且往往是鏡頭跳接其他場景的伏筆。

　　導演在繁複地近乎瑣碎的對白（或獨白）裡，批判了這個時代所有的文明面向：從聖阿奎那到蘇格拉底的形上學式對話，從卡夫卡到畢卡索的藝術形式分析，從全球性的災荒與戰事到委內瑞拉政治時事的狂論；但空間是重要的議題區隔：在浴室裡，女主角反鎖（或是被鎖）於其中，在劇情裡延伸其個人的幻想獨白，導演透過陰性的她所引述的議題是內省的、小我的（ethos）反思，從個人的妄想到藝術的思維。而在酒吧裡，男主角與酒保的對話則涉及更廣的領域，從哲學的詭辯、歷史的爭議到委內瑞拉作為第三世界國家的政治理想與困惑。在此所透過兩個陽性的他所引述的議題則是彰顯的，大我的（pathos）反省。而浴室與酒吧也準確地對應其陰性與陽性、ethos 與 pathos 的思考形式。

　　在這些看似冗長而卻深沈的對白（或獨白）裡，導演卻透過影像的鋪陳使整個電影的基調卻呈顯著世紀末藝術特質的頹廢與華麗。將第三世界的戰火隱憂藏在帥俏的男主角與酒保的醉話裡，藏過來往穿梭的美女戲子之間，或藏在女主角浸在浴缸或坐在馬桶上時的喃喃自語裡。

　　整個電影透過再現（reprentation）的形式來敍事的企圖是顯而易見的，這是廿世紀末和上個世紀末最大的差異，影像資訊的漫延近於氾濫，甚至左右了人羣認知與思考的方式。但本質上，這種新技術的影響被整合於藝術型式中卻又符合了世紀末藝術的視野與任務。幾段發生於浴室與酒吧的影像片段摘錄如下：

壹：那個美女主角面對著破碎鏡中的自己，沈溺於撫摸著鏡像裡
　　皎好的臉龐時，卻失神割破自己的手指。

貳：在色情雜誌上找到女主角的跨頁泳裝照片，男主角在其私處
　　貼上毛髮然後對其自慰。

叁：酒店裡，一個阿拉伯裝的魔術表演者正對著機器投影在牆上的緊縛女人影像專注十分地射飛刀。

肆：電腦上出現閃動的字幕——「在所有物種中，女人是最狂野的……達爾文」。

伍：在鏡前用刮鬍刀比劃著彷彿要劃破自己的眼球……另一幕是男主角從夢中驚醒，牀前的電視正演出布紐爾《安達魯之犬》中剃頭師傅在圍好白布之後卻以剃刀劃眼珠一段，……此時鬧鐘響了，男主角卻接了電話……。

陸：電視中持續出現災難的黑白紀錄片：太空梭墜毀，政客自殺，地震災區、恐怖份子掃射街上的人羣……，而看電視的女主角卻鼓掌叫好，並在興奮地愛撫電視機後失魂地在房中曼舞起來。

柒：女主角用平底鍋在同樣的鏡位裡前後打爛電腦終端機與男主角的腦袋。

這些影像片斷「再現」的表意型式有了更龐大的企圖，藉色情雜誌照片呈顯「僞」性與想像的身體互動（自慰），藉電視紀錄片來呈顯「僞」戰爭災難與想像的哀憐互動，藉射飛刀向投影的女人來嘲弄「僞」戲法的傳統，藉剃刀劃眼珠一段使「僞」現實向超現實大師致意。打爛終端機與男主角一段更透露了導演對「僞」眞實的決裂平行於對（男性）宰制的決裂。

《溫柔之夜》是第三世界國家的電影，在片中導演嘲弄瑞士的美景宛如上帝的錯誤造物，「國際化」的視野成了抗爭既定價值（瑞士是全球性觀光幻覺中，第一世界裡的美景典範）的重要面向。而對傳統的致意（對布魯爾的《安達魯之犬》，對卡夫卡的《蛻變》），這種「國際化」的知識鄉愁更成爲世紀末藝術的特質。

世紀末是個反省的時刻，也是個展望的時刻。電影在一個世

紀中躍昇爲藝術領域的霸主，而且由於技術、商品化與國際市場種種導因成爲這個世紀末的主要代言人，甚至這個世紀中最令人鄙夷的，更爲變態的暴力、性、戰爭、種族歧視、環保的歷史課題都成了其最鍾愛的養分。世紀末是價値轉換的時期，《溫柔之夜》呈現了世紀末的特質，也爲後現代脈絡的電影空間勾勒一種新的視野。

普列尼西的紙上建築連作《監獄》

成為《玫瑰的名字》的場景藍本,

電影空間的解讀需要多向度多觀點的理論探索與發展。

第 5 章

結論

電影空間研究的理論提綱

佛洛依德在其分析中提出許多人容易接受的解釋，

他反而強調人們「不」易接受它們。

如果是人們不易接受的解釋，

很可能正是因爲他們「易」接受的，

而這正是佛洛依德實際所提出的……

——維根斯坦(Lugwig Wittgenstein)

僅有一套理論的人注定會迷失的。

——布萊希特(Bertolt Brecht)

「談」遠比「做」困難得多，

這點在真實生活中尤其明顯，

任何人都能創造歷史，但只有能人才能寫歷史。

——王爾德(Oscar Wilde)

一、前言：電影空間的「解讀」

以「影像地誌學」為名，本書的研究取向是希望以「地誌學」中對「地方」與「書寫」的複合思考向度出發，從而對電影空間的解讀提出理論思考的基礎。因此，對「解讀」與「書寫」兩者所涉及意義層面的關係應被更仔細地討論。「解讀」（interpretation）這個詞在拉丁文的原意 inter-pretatio 為「解釋」，而源自另一個拉丁文的 interpres，則是談判者或仲介者之意。由此看來，解讀可視為在兩文或兩造間插入一種解釋之意。或是視為在兩者之間嘗試更深入地探討其相連繫的意圖與文化內涵，甚至是企圖去揭露出更為深入而有待探問的訊息層次。在這種觀點之下，雖然解讀的原始字義只限於口頭傳達，但後來的用法卻更廣泛地涉及任何製造或傳遞意義的行為。（David Bordwell, 1994：23）「解讀」因而在此可被視為和「書寫」同樣意圖的探索，以理論為「仲介者」而將研究作為找尋電影與空間兩種複合研究領域的意義開發行動。

「解讀」的討論在中世紀的釋經學中是極為深入而全面的，這些傳遞意義的行為討論也一直延續至今；從當時羊皮紙上的經文到圖像、印刷的出現，時至今天則因更多媒體的介入（像片、影像、電腦而變得更為複雜。富魯瑟（Vilem Flusser, 1984）在影像和文字書寫的關係中對「解讀」有十分精闢性的推論，並引述中世紀的偶像崇拜與經文忠實之間的鬥爭，引述影像以自身取代世界而非將世界呈現給人類這種「再現」的主客體易位的討論。在他的觀點裡，影像作為書寫的媒介所涉及的意義傳遞問題是十分需要仔細分析的。同時，這種「影像解讀」或「解讀影像」的思考向度也正是本書在理論上極為關注的課題，因為對「空間」或「地方」的認知、意識探索也涉及同樣的「解讀」疑

旨。諸如種種媒體理論與電影理論在這面向上的重視，在不同的
空間、建築與地理理論脈絡中，涉及「再現」之主客體關係也始
終是這些領域共同關心的焦點。因此，我們將從影像的書寫本質
與其涉入「再現」課題的歷史過程開始對電影空間「解讀」的討
論。

二、影像作爲空間「再現」的主體呈現

　　事實上，影像的內在辯證受到重視是由來已久，寫作與影
像、歷史意識與魔術意識的鬥爭是顯而易見的：線形書寫符號的
發明與歷史意識（historical consciousness）的思考是同步的，
兩者都企圖將影像的構成元素與意圖轉化爲概念，文字書寫之後
設立的符碼即是超越圖像的符碼（meta-codes of images），然
而文字崇拜在十九世紀達到危機階段。從最嚴格的意義來看，這
是歷史的末日。因爲歷史是將影像轉化爲概念的持續譯解，並對
影像的持續、譯解，因爲可以不斷地將魔術破解，而且持續不斷
地概念化。如此而言，一旦文字書寫達到危機，也就沒有對象可
以被解釋，歷史就告終止。然而，就在這個危機階段，十九世紀
技術性影像被發明出來，尤其是攝影和電影所建構影像的可能
性，使文字書寫再度容許人的想像，再賦予文章魔力，從而克服
前述的歷史危機，雖然也因此同時預示了另一種危機的開端。
（Vilem Flusser, 1994：31-33）

　　傳統影像是第一階段的抽象化，因爲它們是從眞實世界抽譯
出來。而技術性影像從其性質來看，是第三階段的抽象化，因爲
它們是從文字書寫中抽譯出來的，而文字則是由傳統影像從眞實
世界抽譯出來，再度予以抽象化的結果。因此歷史上傳統影像或
可稱爲「史前的」（prehistorical），而技術性影像或可稱爲

「史後的」（post-historical）。從本體論（ontology）來看，傳統影像即是現象，而技術性影像即是概念：解讀技術性圖像意味著閱讀它們的位置。（Ibid：35）

技術性影像是難以解讀的，因為它們顯然不需要被解讀，它們的意義似乎能自動浮現到影像的表面，因為技術的成就改變了人接近或感知影像的方式，影像似乎和影像的意義存在於同一眞實層面上，技術性影像所揭示的不再是需要解讀的符號（symbols），而是影像所指陳的世界的徵兆（symptoms）。技術性影像這種明顯的非符號性，即使觀眾觀看影像時，不把它們當作眞正的影像，而是把它當作一扇開向世界的窗子。人們信任技術性影像，就像他們信任自己的眼睛一樣。因此技術性影像是影像而不是窗子，也就是它們將一切事件都翻譯成情境，但這種魔術顯然和傳統影像是不同類的。電視和電影，相較於洞穴或墓畫圖像，是存在於不同層面的眞實之中，古老的魔術是歷史之前的，也在歷史意識之先；比較新的魔術是歷史之後的，也繼承了歷史意識。古老巫術目的在於改變外在世界；新巫術的目的在於改變我們對外在世界的概念。（Ibid：36-37）

由此而言，電影空間作為此技術性影像至今最後階段的「再現」對象，它不再是作為眞實空間的呈現，而反而主客體易位地作為「再現」的完整呈現，如同詹明信與布希亞所討論「超眞實」（hyperreal）的觀點，在電影作為技術性影像而主導人類歷史意識的時代，電影空間事實上正在這種作用過程裡改變著我們對眞實空間的看法。

富魯瑟認為從圖像或更廣義的影像中重建的「時間—空間」特質並非是歷史直線式，一切事務能重覆自身並同時參與意涵（Context）的建構。因為，事實上在歷史直線式世界裡，一切事物從來不會重覆發生，因果法則不會因圖像的魔術特性而更

動。魔術在定義為一個永遠可以來回世界的存在時，將圖像或影像當做「凍結的事件」（frozen event）解讀是錯誤的，相反地，影像是將事件變為情境（situations）的一種翻譯；影像以場景（Scenes）取代事件，以銀幕取代地圖。人們活在影像的作用中而不再解讀他自己的圖像。（Ibid；30）然而德勒茲對電影空間的看法卻和富魯瑟不同，他認為電影給我們的影像不是前述傳統影像加上運動，或者是影像在其自身情境場景的塑造，而是立即的影像—運動（image-movement）。它是一段落，活動段落，而不是加上抽象運動的靜止的段落……人們稱之為特有的瞬間。這些瞬間和姿勢無關，而是獨特又屬於運動的點，而非一個超驗形式的現實時間或現實空間。而且運動是由其涵蓋的空間所區分，涵蓋的空間是過去，而運動是現在，是一種涵蓋的行動。因此，空間是被區隔分割的，而運動是不可分的，並且是預設了對空間概念思考的複雜可能。事實上，若從這個觀點而言，空間涵蓋了單一的、可辨識的而且是均質的位置或情景，那麼運動就是異質的、不可化約的存在行為。（Deleuze，1983）如此而言，電影空間的概念化過程是更需要多面向的理論來更深入地揭露其內涵，而且對電影空間的「解讀」不應只是簡單地以「電影」層面或「空間」層面個別在歷史意識架構的研究，而是應作為兩種領域在涉及意義面向上的多方探索。在這種找尋意義的企圖裡，建構多向度的理論是必要的。

三、電影空間研究脈絡的解釋性提綱

多面向的理論與學派都是制度地與歷史地建構的論述。在本書中，我們已經歷了不同理論對電影空間不同解讀的過程，而過程中的議論就是我們的可能結果。因為，在不同認識論脈絡的探

索中，並未提供任何理論的最終結果。然而，我們卻能在每種論述中洞悉「電影空間」的疑旨，進而推展更廣義的研究面向。也因此，我們可以檢討各種理論對電影與空間的關係在不同的社會歷史脈絡裡，其不同的發問方式所涉及的理論「規範」，涉及我們處理電影空間相關的實踐與新的時勢之適當關係，作為未來研究的初步理論角度。

為了提供電影空間一個初步思考方向，我們將前述不同的理論傳統整理分析如下，從而建構關於電影空間的研究架構：

電影空間理論的現象學與結構歷程學研究脈絡

電影空間作為真實空間的「鏡子」，由真實經驗「反映」出來的感知方式開始，進而將正確的資訊與相伴隨雜音的扭曲分開。在這種認識論脈絡所建立關於電影空間的認知體系裡，空間是被視為一種投射真實的呈現方式。

這種作為現代科學的主流認識論仍影響主要的人文與自然學科，在電影史的發展過程，對這觀點有著幾個不同階段的反省：

㈠從盧米埃開始，到馬克斯兄弟葛里菲斯這些電影大師的努力，他們在拒絕唯美主義的寫實主義中嘗試將電影幻景恢復為現實，找尋現實的連續性，進而建立線性敘事邏輯的蒙太奇語言，電影空間是鏡像的主題，場景投射出電影外真實空間的真實經驗。

㈡新寫實主義所注重對現實的「再現」不再是如寫實主義對戲劇結構的安排，而將現實的表象作為一種獨特的發現。因此新寫實主義所強調電影空間是由表現手法與其創作目的之特定關係來確定。因此有些甚至以紀錄片形式出現的新寫實主義作品，刻意減少攝影機語言的干預，並進而放棄搭景走向現實城市甚至是淪陷的戰區。

㈢新寫實主義以後的電影持續對影像與現實的關係進行開發與試探，但這種以電影空間作爲現實空間鏡子的認知脈絡有了轉移：逐漸從實證主義式強調以風格主導「時代精神」（Zeitgeist）重現的場景設計方式（如十誡、賓漢之類的大型製作）轉向以「神入」（empathy; Einfuhlung）角度建構出來著重感覺經驗與主觀意義的取向：如法國新浪潮右岸與新小說同樣強調意識流動與不確定所呈現的空間經驗；如超現實主義或各國新電影也嗜試以更深入個人經驗或不同文化成長發展脈絡來探索影像所可能呈現的現實。

在本書的第二章中，影像對現實的呈現方式電影空間作爲眞實空間的反映經驗是討論的主體，尤其是藉由現象學中所討論意識與空間顯現的向度，從而重新定義場所經驗塑造的模式，從海德格提出場所住居（dwelling）而將空間的意識聯接到存有的思考層次；而透過德勒茲對電影形式的語法分析，電影空間在其提出「去框化」與「外場域」的觀點被重新定義爲現象學式的「使一個地點顯現出來的所有框化、去框化的影像敍事歷程」，進而探討使場所意識變成可能的經驗塑造模式。如此，我們對影像所創造的視覺空間分析也提升至電影形式語源學式的本質探索。電影空間證驗了一種在前電影歷史時期所無法想像的空間顯現歷程。

《美麗佳人歐蘭朵》與《去年在馬倫巴》都以巴洛克建築及花園來作爲空間象徵，而且涉及將「意向性」作爲影像敍事主題的嘗試。《歐蘭朵》以景園的變遷來隱喻女性角色的自我質疑與性別認同，而《去年在馬倫巴》則揭示了：影像不僅可能說謊，而且我們也無法辨識其眞僞，對空間的意識與意識自身一樣具是通往眞實的歷程而非眞實本身。《龍貓》體現了諾伯・舒茲「場所精神」的概念，並呈顯了海德格式天、地、神、人凝聚的地景母題，溝通

了「眞實」與「想像」、「知覺」與「夢想」的空間意識互動狀態。《老人Z》與《新天堂樂園》共同的主題「鄉愁」也是現象學中討論人與場所的主要議題。《老人Z》藉公路電影式的載體（vehicle）移動找尋老照片中的地景，並以德勒茲式的「追尋鏡頭」所引申的「運動——影像」來體現找尋途中的場景遭遇所可能出現的舊遊氛圍。《新天堂樂園》所描述的電影，電影院與院外廣場傳達了城市記憶與市民意識聯繫的場所經驗，並重新定義影像—銀幕—電影院內觀衆席—電影院外廣場的地景關係，放映電影成爲儀典性空間意識凝聚的開發行動。

　　《戀戀風塵》與《無言的山丘》則以九份具高度可意象性的地景爲特殊氛圍來體現電影空間的「地點感」。但也透過歷史經驗與個人經驗來深化「感覺結構」的討論。《戀戀風塵》溝通了一個沒落礦區山城在面對工業化與都會化的社羣經驗，充滿意義與關懷的場所如何在象徵意義上變遷。《無言的山丘》則放回日據時代，透過參與日常特定制度的實踐來呈現殖民文化整體的地景關係，同時傳達不同階級不同種族不同性別所建立不同的場所意義，在其對話與衝突中呈顯其動態的地域性感覺。《蒙古精神》也同樣地勾勒了社會與歷史涵構對個人經驗與空間意識的衝擊，世代並置的地域衝突（遊樂場飛機與平野牧馬），多種族的複合歷史記憶（漢族市集、蒙古包、俄國民謠裡的滿洲國），地點與媒體的互動（電影海報、舞廳聲光、電視裡的成吉思汗部隊）；在本章最末則延續上述的理論地景主題，以「旅行」深入「運動——影像」式的探索，回顧「地點感」的感知經驗在多種電影空間中如何跨類型的出現與整合。這些作品的討論將電影空間的認知意識主題從現象學推向更廣義的結構歷程學的理論向度。

電影空間理論的差異地學研究脈絡

電影空間作爲眞實空間的「面具」，眞實的經驗世界被錯誤或虛假表象的騙人遮蔽物所阻擋；因此電影空間的理解必須揭露並去除浮面表象的神話，挖掘在直接可感知的經驗空間底下的洞見。

這種認識論體系密切連接到不同形式結構主義的發展。從馬克斯、弗洛依德和索緒爾，到當代各種藝術、文學與美學的文化評論，並與前述第一種知識論體系相對抗。在電影史中有兩種美學流派是與此顯著相關：

㈠以愛森斯坦爲代表的二十年代俄國電影傳統中嘗試把蒙太奇等同於電影語言的建構物，對抗線性與連續的寫實式影像敍事模式。這種蒙太奇理論的意義是在鏡頭之外的，由鏡頭與鏡頭之間的連接與間隙來構成，取代了由敍事情節與鏡頭內的衝突來定義的影像書寫模式（如：波坦金戰艦）。電影空間成爲種種鏡頭疊焦、交錯、撞擊而產生的視覺經驗過程，也因此揭露了影像呈現空間可能產生的表徵神話；電影空間形象自由發展跳躍，不再只是一種眞實空間的特定「反映」。

㈡表現主義電影理論家也認爲影像不應只是複製、模擬現實；眞實世界只是原始素材貯藏所，而銀幕的空間在受限的景框與割裂的時空下反而建構了攝影機取代人眼的空間認知模式，以特殊的場景調度或蒙太奇來獲取透視感。再則，除了情節與光影的誇大處理外，電影空間的表現有雙重的變形法：一是場景的變形（傾斜的房屋、塗畫的樹木與路徑等）、二是鏡頭的變形（主觀鏡位的幻景呈現或重疊畫面的運用）。從而建構一種不斷揭露空間的電影裡只是幻象的「面具」場景。

㈢這兩種電影史的宣言式脈絡仍影響後來的導演。愛因斯坦並列蒙太奇的理論所形成的變動而矛盾的辯論性衝突啓發了高達的影像敍事手法、影響了大衛林區符碼化影像語法的風格，甚至

超現實主義電影中開發潛意識的跳躍幻景，這些作品皆擴張了不同影像形式的張力撞擊用來破壞現實空間的眞實感，改變進入電影空間經驗的節奏。而表現主義的變形法幻景則啓發了後來絕大多數類型片對場景的思考模式：從穆瑙的《吸血鬼》開發的恐怖片脈絡、佛列茲、朗的《大都會》啓示了科幻片與災難片的視野。《卡里加利博士的小屋》則是心理驚悚片的經典範例；這些採用變形鏡、燈光、場景的觀念則同時影響了後來對城堡、病院、未來城市種種特殊電影視學景觀的開發視野，而且共同呈現了一種和眞實空間決裂的表現方式。

在第三章中，影像可作爲挖掘直接可感知經驗世界底層的洞見，進而作爲用以揭露「面具」表象的神話；電影空間則在「差異地學」的思維脈絡中，深入討論傅寇所提示的權力干預空間的體系疑旨，影像空間作爲控制與干預的媒體形式，作爲休閒消費的跨國體制，在羅傑克的休閒理論與巴赫汀的衆聲喧嘩理論延伸議題，進行批判式的意識型態分析，對於電影空間的「互爲正文性」及其衝突與顛覆的可能討論。

《小鬼當家》中以瞬間的、轉換的、不定的時間對應而成的差異地點，在聖誕節裡，用狂歡節的方式聯結眞實空間的權力關係。第一集的住宅社區或第二集的紐約成都被重新改寫爲補償性的差異地點，電影空間對日常生活的空間關係與網絡提出質疑。

《最後魔鬼英雄》則戲劇化地處理電影與電影院的關係。電影裡的空間與眞實世界的空間互爲差異地點，而這種以「看電影」作爲鏡像式的幻覺揭露過程是相互建構的，如此平行處理差異的空間經驗一方面批判「英雄」類型片，一方面則又指涉電影空間所投射病態的「面具式」眞實空間。

《秦俑》建立了差異時間，其對差異的地點的作用呈現了不同的電影敍事時段。古代秦帝國所代表封建體系層級分立的地景整

體。民國時代則以當代的技術、觀念使定位的基地取代帝國空間所影射的互為差異性效應;歷史敘事所呈現的永恆時間(帝墓—如博物館)被瞬時性的無地點感場景(機場、火車、現代市街所滲透;揭露真實空間「紀念性」不朽的神話表象。

在本章最末則以差異地學與在電影中所形塑新類型地點的角度來回顧電影空間類型化真實空間的模式;汽車(automobile)作為新時代產物、新消費意象、新速度載體、新公路地景窺探者、新的後現代文明城市地景符碼,在多部電影中延伸出影像空間類型的發展與差異化的視覺經驗試探,從而深入以電影空間反省真實空間面具式表象化的議題。

電影空間理論的後現代研究脈絡

電影空間作為「類像化」的真實空間,以布希亞所提出廿世紀晚期浮現的第三種認識論隱喻:「類像物」指明一種轉變,由僅是表現的遮掩,轉變為日趨「所有參考物的液化」,以真實的符號再現代替真實本身。類像物乃是已經失落了或者根本不存在的原版的精確複製。因此,電影空間成為其影像地景自身的純粹類像物,和現實不再有過去所陳述的「鏡子」或「面具」的關係。

強調指涉物消失與移位以及再現危機的這種觀點強調電影空間必須放入「後現代狀況」來思考,它威脅「真」與「假」、「真實」與「想像」、「符旨」與「符徵」,甚至是「符旨」與「符旨」之間的差別(甚至是區別的能力),而且這種思維的日漸坐大,指向電影史的出現與終結的過程中電影空間的角色開始面臨的雷同處境。

電影的出現,從盧米埃開始種種對影像形式的實驗與探索,基本上是和前電影的歷史階段是斷裂的;在前述的技術性影像發

明而取代傳統影像的書寫之後，影像在電影中揭示的不再是需要解讀的符號，而是其指陳世界的徵兆。而電影空間就在這種電影史的初期就完成了翻譯眞實事件爲情境，以及翻譯眞實空間爲想像地景的作用任務。

不論是後來電影史流派種種形式的演變或對電影空間不同的探索面向，電影空間在十九世紀末的出現其實已然爲「類像物——這種不存在原版的複製」作了最好的證物，它挑戰前電影歷史時代所有傳統圖像，影像所可能呈現空間的方式，並且以最逼眞的方式威脅眞實空間被感知的過程。所有眞實的空間經驗在布希亞的觀點裡都變成只是液化的地景參考物。

電影史的終結，或說是電影空間傳統被經驗模式的終結與意義的總體轉變在廿世紀末是即將來臨，最重要的關鍵因素是電腦技術的干預或其創造虛擬實境（virtual reality）的發展效應。影像在電腦複製與執行的過程不再需要向眞實世界找尋藍本或原版形象，參考物已取代眞實本身。電影空間不再需要從眞實空間或搭設場景中攝得，而只需在動畫中精密合成，虛擬幻境則是電影空間完全被「類像空間」取代的最重要例證，每一個體驗空間的細節都成爲是被模擬出來的超眞實場景。

在本書的第四章中，影像不再是對某種眞實對象、對於一種指涉性存有的模擬、或是對本質的模擬，影像不再需要原物或實體，而是以模型來產生眞實，這種類像化的超眞實狀態的質疑也同樣是後現代理論最重要的疑旨。電影空間在羅蘭巴特的後結構土義式語意分析中成爲隱喻無盡鍊結的意象符徵，在影像與城市的結構性語義關係中交互作用、顛覆而重建其文本意義。在詹明信晚期資本主義的文化邏輯中，後現代的眞實空間也退化爲有待重新認知繪製的文化形式，被極端不連續的現實經驗所包圍；而影像空間則是「再現」的最重要模型，媒體中介而指涉物消失，

氛圍抽離而懷舊被商品化複製。電影空間成爲無深度的影像文本而任意重組，時空的歷史意識消失而拼貼主體性零散的形象經驗。而布希亞則更進一步宣稱類像化的操作是根本核心起源的革命，甚至是形上學式的移轉，眞實的本質與表象之間的差異消失。影像空間的焦點不再是將眞實符號化，而是整個符號化的過程（疑旨的取向、敍事型式的定位）提供了眞實與想像空間之差距的消失。

《銀翼殺手》揭示了複製的主題，從複製人的身世記憶到整個科幻世代的歷史意識都投射出後現代美學中片斷化與非確定性的特徵。影像中的空間以同樣的後現代措辭方式發言：象徵法老王金字塔權力的企業總部，暗街裡羅馬、希臘混雜著馬雅、中國、維多利亞的柱式與現代的市街攤販，呈現後工業社會末期的病態城市，在高科技摩天樓飛行機之間雜陳亞非裔移民與罪犯出沒的雨街市集裡，全片投射出一個完整「類像」時代的城市景貌。

《秋月》對香港意象的後現代觀點是十分深刻的。導演透過零碎化影像的拼湊去追溯城市殘存的意義遺址。在詹明信式的文化分析裡，透過㈠主體性的消失㈡歷史意識的消失㈢眞實的消失的架構重新定義這個商品化的東方之珠印象。V8黑白畫面中介於彩色的影像裡、破敗漁村中介於摩天樓羣裡、髒亂折皺的山水畫、塵封的古裝與文房四寶中介於擁擠的現代國宅裡。移民的基調與歷史意識由殘存而走向消逝的地景則成爲後現代式的犀利批判。

從《建築師之腹》到《魔法師的寶典》，彼得格林那威在其影像敍事的風格裡找尋異質的空間經驗，建構了一種記號永無止境的累積與組合過程，體現了後現代狀況中對「再現」的深刻自覺。《建築師之腹》以建築史的內在規範與其敍事主題交互指涉。《魔法師的寶典》則以電影語言重構空間認知的無限可能。其中場景

調度與移走鏡位的影像構成形式將建築符旨與符徵對應關係推向更繁複的多重面向。

《青少年哪吒》與《只要為你活一天》呈顯了台灣都市地景的特殊性，尤其是非正式經濟蔓延的社會現況，與戒嚴到解嚴的特殊政治情境。在羅蘭巴特城市情欲探索的後結構理論觀點裡，次文化的空間經驗成為影像的主題。《青少年哪吒》進入底層社會，在城市邊緣的補習班、冰宮、西門町等種種特殊表意空間中傳達與真實生活斷裂的經驗。而《只要為你活一天》卻出現違建、ＫＴＶ、釣蝦場這些次文化地景，夾雜在電話答錄機、無線電講機、快速沖洗機種種意義混淆的媒介物中，傳譯出電影空間的表意作用與現實的並列、妥協與對抗的種種可能。

《異形》作為電影的歷史經驗以博物館的形式來建構一段想像中的回憶。在真實的世界重建「想像站」（一如布希亞所分析的經典想像站：狄斯奈樂園），作為被媒體佔領的世界與想像空間的互動，真實與超真實相互滲透。在《聖誕夜驚魂》中想像站成為兩個節慶的化身，空間符碼無窮辯證地再現、複合；電影空間與想像空間與真實空間的界線在這種類像化的過程中消解。

《溫柔之夜》體現了世紀末的美學特質：㈠戰爭與危機的隱憂㈡前衛與保守的衝突㈢技術革命與再現的型式演進㈣國際化視野㈤前瞻又懷舊的風格。這些是在電影所實驗的影像音畫基調中主要探索的面向。而主要的四個場景重覆出現圖片、鏡子、終端機的畫面，以「再現」的表意影像片斷對政治、文學、電影史的世紀末現象提出致意與批判。也同時呈現「後現代理論」中所關切的電影空間面向探索。

四、結語：多向度電影空間理論的建構與時勢

　　本研究所希望建構的多向度理論是辯證的以及非化約性的。
在書中的分析過程中，希望能將電影空間的意識以及文化分析向
度之間的關連概念化，並且拒絕將電影空間化約為其中單一的向
度。此種辯證理論描述了電影與空間關連起來的中介過程或相互
連帶。舉例而言，一種對於場景的辯證分析會將電影希望傳達的
敘事時空背景以及其象徵功能加以理論化。這一分析也將指出場
景如何採取特定的文化形式並進而反過來影響空間視覺效果之生
產模式。它也將分析電影空間如何被鏡頭或蒙太奇所吸收以及如
何進一步改變了這些電影構成語言元素。因此能分析電影空間與
構成電影空間種種實踐脈絡的相互關聯。

　　一個多向度的理論強調了電影空間各種理解向度的相對自主
性。正因為如此，它對各種形成電影空間認知的理論領域及它們
如何構成與互動持有一種開放的廣泛觀點。一個多觀點的電影空
間理論將電影空間視為由觀點的多樣性所構成的。觀點在此意味
著觀察者的視野或分析架構，它總是具有選擇性的，同時也不免
受到觀察者的預設、理論、價值與興趣的涉入。因此，所有的觀
點都是有限而不完整的，因為觀點涉及在詮釋特定電影空間時的
特定看法、焦點、立場或甚至一組立場而且也成為詮釋這些構成
電影空間現象、過程與關係的特定切入點。因此，提示其多樣觀
點構成的開放性理論是十分重要的。

　　各學科的看法都有其典型的長處與限制、洞識與盲點。一個
多向度與多觀點的理論從有利位置的多樣性出發。對特定的電影
空間提供了最具全面性的串聯。所謂的串聯，是在具體分析或發
展理論時不同觀點的折衝。為了對社會現象提出有說明能力的觀
點，從不同的主體立場來觀察事件、制度或常規也是很有用的。
（Steven Best & Douglas kellner, 1991：320-322）立場的多
樣性也通常提供了較有包容性以及說明能力的分析，因此，多觀

點其實是由於理論的不同脈絡所形成的特殊看法，可用以建構對電影空間更完整的思維面向。

　　如果要建立一套電影空間理論，僅僅透過其科技形式、純粹的媒體來加以詮釋是不夠的，就像麥克魯漢和布希亞所做的分析。或者像其他文化理論家一樣，只透過其內容與意識形態效果進行分析，這樣的詮釋也是不夠的。一個多元觀點立場將會主張：不可能只透過現象學對電影空間作全面的分析，或者是差異地學效應，或是僅將電影空間作為另一種「類像」建築形式的構成，就可以掌握電影空間的所有向度。雖然這些層面都很重要，但更重要的是，我們必須分析電影空間的意識形成機制、電影空間投射或涉入的權力關係、休閒論述；與其相互收編的效果演變。這些分析向度的互動與整合是希望能提出一個更周延的電影空間理論。如此而言，要解讀電影空間也需要使用更多不同的方法來掌握其文本的不同向度，包括女性主義、精神分析、後殖民理論以及更多其他的分析方法，這就需要對理論論述類型多元性的包容與多元觀點分析的發展。

　　這些多面向的理論建構是電影空間論述變化的對照反省；但新的變動已然開始，而且這些變化也不是偶然的事件。新的論戰其實已在登場，新的課題也正等待研究者提出。電影與空間專業的經濟再結構催動各種新的趨勢。高科技與資本國際化的過程使人們的生活空間經驗產生極大的移轉：使流動空間（a space of flows）迅速取代了地方的空間（a space of places）（最好的電影空間反省範例應是公路電影的中心議題）。資訊生產方式所支持的資本主義引入了新的區域分工，都會的雙元化與大都市的衰敗；如此導致更多實質環境與城市的課題：如資訊城市的興起所賦予空間新的意義？地方政府與市民的空間互動更加在經濟、政

治劇變的社會中進行？在此時人們已開始重新發問：空間是什麼？又如何被賦予新的意義？（夏鑄九，1994：270-273）

　　電影空間在如此眞實空間本質與疑旨都開始劇變的時代應有何新的反省？電影在好萊塢跨國企業體制的發展中會主導何種電影空間的文化形式？這些電影空間的文化形式的象徵性表現和全球其他地域性電影作品的風貌有何對話或互動？甚至，在此電腦合成技術逐漸取代傳統片場場景、動畫技術所創造的空間延伸出各類新的認知課題，電影空間的新趨勢爲何？更重要的，電影空間的主體性思考如此辨明自身，提出新的理論角度，在新的時勢中開展不同面貌，面對新的挑戰。本書旨在此時勢中建構關乎電影空間研究的理論架構，期望引發更多對此領域知識核心的發現與洞見，從而能在新的學域中，以此初期的研究開始，逐漸建構面對新的電影空間的歷史時勢所需的疑旨、方法與論綱。

參考書目（英文部分）

Alexander, C.（1975）. *The Oregon Experiment.* New York: Oxford University Press.

Alexander, C.（1977）. *A Pattern Language,* New York: Oxford University Press.

Alexander, C.（1979）. *The Timeless Way of Building,* New York: Oxford University Press.

Alexander, C.（1981）. *The Linz Cafe.* New York: Oxford University Press.

Alexander, C.（1985b）. *The Production of Houses,* New York: Oxford University Press.

Althusser, Louis（1965/1969）*For Marx,* Trans, Ben Brewster, London: Allen lane.

Althusser, Louis（1965/1969）'The "Piccolo Teatro": Berrtolazzi and Brecht'.

Althusser, Louis（1966/1971）'Cremoni, Painter of the Abstract'.

Althusser, Louis（1969/1971）'Ideology and Ideological State Apparatuses'.

Althusser, Louis（1971）*Lenin and Philosophy and Other Essays.* New York: Monthly Review.

Bachelard, G. (1969) *The Poetics of Space*. Boston: Beacon Press.

Barthes, Roland (1953/1967) *Writing Degree Zero*, New York: Hill and Wang.

Barthes, Roland (1957/1970) *Mythologies*, New York: Hill and Wang.

Barthes, Roland (1957/1972) *Mythologies*, Selected and Trans. Annette lavers, New York: Hill and Wang.

Barthes, Roland (1960/1964) *On Racine*, Trans, Richard hcward, New York: Hill and Wang.

Barthes, Roland (1964/1972) *Critical Essays*, Evanston: northwestern University press.

Barthes, Roland (1964/1967) *Elements of Semiology*, New York: Hill and Wang.

Barthes, Roland (1966/1987) *Criticism and Truth*, Minneapolis: Universiity of Minnesota press.

Barthes, Roland (1967/1970/1971/1973) 'Semiology and Urbanism,' *VIA*, No.2, pp.155–157.

Barthes, Roland (1967/1983) *The Fashion System*, New York: Hill and Wang.

Barthes, Roland (1968/1977) 'The Death of the Author', in *Image-Music-Text*, New York: Hill and Wang.

Barthes, Roland (1968/1979) *The Eiffel Tower and Other Mythologies*, New York: Hill and Wang.

Barthes, Roland (1970/1974) *S/Z*, New York: Hill and Wang.

Barthes, Roland (1970/1982) *The Empire of Sings*, New York: Hill and Wang.

Barthes, Roland (1971/1976) *Sade, Fourier, Loyola,* New York: Hill and Wnag.

Barthes, Roland (1973/1975) *The Pleasure of Text*, New York: Hill and Wang.

Barthes, Roland (1975/1977) *Roland Barthes by Roland Barthes*, New York: Hill and Wang.

Barthes, Roland (1977) *Image-Music-Text*, New York: Hill and Wang.

Barthes, Roland (1977/1978) *A Lover's Discoures*, New York: Hill and Wang.

Barthes, Roland (1981/1985) *The Grain of Voice*, New York: Hill and Wang.

Barthes, Roland (1982/1985) *The Responsibility of Forms: Critical Essays on Music. Art*, New York: Hill and Wang.

Baudrillard, Jean (1975) *The Mirror of Production*, St Louis: Telos Press.

Baudrillard, Jean (1976) *L'echange symbolique et la mort*, Paris: Gallimard.

Baudrillard, Jean (1981a) *For a Critique of the Political Economy of the Sige*, St Louis: Telos Press.

Baudrillard, Jean (1981b) *Simulacres et simulation*, Paris: Calilee.

Baudrillard, Jean (1983a) *Simulations*, New York: Semiotext(c).

Baudrillard, Jean (1983b) *In the Shadow of the Silent Majorities*, New York: Semiotext(c).

Baudrillard, Jean (1983c) *Les strategies fatales*, Paris: Grasset, 1983.

Baudrillard, Jean (1983d) 'The Ecstacy of Communication' in Foster (1983).

Baudrillard, Jean (1984a) 'Game with Vestiges', *On the Beach*, 5

（Winter）. pp.19–25.

Baudrillard, Jean（1984b）'On Nihilism', *On the Beach,* 6（Spring）, pp.38–9.

Baudrillard, Jean（1984c）'The Evil Demon of Images', Annan-dalc, Australia: Power Institute.

Baudrillard, Jean（1985）La gauche divine, Paris: Grasset.

Baudrillard, Jean（1986a）Interview in *Franzosische Philosophen im Gesprach,* ed. Florian Rotzer, Munchen: Klaus Baer Verlag. pp.29–46.

Baudrillard, Jean（1986b）Subjekt und Objekt: Fractal, Bern: Bentwli Verlag.

Baudrillard, Jean（1987a）*Forget Foucault,* New York: Semiotext(e).

Baudrillard, Jean（1987b）'When Bataille Attacked the Metaphysical Principle of Economy', *Canadian Journal of Political and Social Theory,* vol. 11, no. 3, pp.57–62.

Baudrillard, Jean（1987c）'Modernity', *Canadian Journal of Political and Social Theory,* vol. 11, no. 3, pp.63–73.

Baudrillard, Jean（1987d）*Cool Memories,* Paris: Galilec.

Baudrillard, Jean（1988a）'The Year 2000 Has Already Happened', in Arthur and Marilouisc Kroker（eds）, *Body Invaders: Panic Sex in America,*Montreal: The New World Perspectives, pp.35–44.

Baudrillard, Jean（1988b）in Mark Poster（ed.）*Jean Baudrillard: Selected Writings,* Cambridge and Stanford: Polity and Stanford University Press.

Baudrillard, Jean（1988c）*The Ecstasy of Communication,* New York: Semiotext(e).

Baudrillard, Jean（1988d）America, London: Verso.

Baudrillard, Jean (1989a) 'Panic Crash!', in Arthur Kroker, Marilouise Kroker, and David Cook (eds) *Panic Encyclopedia*, New York and London: St Martin's Press and Macmillan, pp.64–7.

Baudrillard, Jean (1989b) 'The Anorexic Ruins', in Dietmar Kamper and Christoph Wulf (eds) *Looking Back on the End of the World*, New York: Semiotext(e), pp.29–45.

Baudrillard, Jean (1990a) *Seduction*, New York and London: St Martin's Press and Macmillan.

Bell, Daniel (1973) *The Coming of Post-Industrial Society*, New York: Basic Books.

Bell, Daniel (1976) *The Cultural Contradictions of Capitalism*, New York: Basic Books.

Benedikt, Michael (1991) *Cyberspace: First Steps*, Boston: MIT Press.

Deleuze, Gilles (1968) *Difference et repetition*, Paris: PUF.

Deleuze, Gilles (1977a) 'Intellectuals and Power', in Foucault 1977, pp.205–17.

Deleuze, Gilles (1977b) 'I Have Nothing to Admit', *Semiotext(e)*, vol. II, no. 3, pp. 111–35.

Deleuze, Gilles (1983) *Nietzsche and Philosophy*, New York: Columbia University Press.

Deleuze, Gilles (1986) Foucault, Minneapolis: University of Minnesota Press.

Deleuze, Gilles (1989) *Logic of Sense*, New York: Columbia University Press.

Deleuze, Gilles and Guattari, Felix (1983) *Anti-Oedipus*, Minneapolis: University of Minnesota Press.

Deleuze, Gilles and Guattari, Felix（1988）*Kafka,* Minneapolis: University of Minnesota Press.

Deleuze, Gilles and Guattari, Felix（1987）*A Thousand Plateaus,* Minneapolis: University of Minnesota Press.

Deleuze, Gilles and Parnet, Claire（1987）*Dialogues,* New York: Columbia University Press.

Deleuze, Gilles（1992）Cinema1:Imgge-movement. London: Athlone Press.

Deleuze, Gilles（1992）Cinema 2: The Time-Image London: Athlone Press.

Derrida, Jacques（1973）*Speech and Phenomena, and Other Essays on Husserl's Theory of Signs,* Evanston: Northwestern University Press.

Derrida, Jacqucs（1976）*Of Grammatology,* Baltimore: Johns Hopkins University Press.

Derrida, Jacques（1981a）*Positions,* Chicago: University of Chicago Press.

Derrida, Jacques（1981b）*Margins of Philosophy,* Chicago: University of Chicago Press.

Eagleton, Terry（1975a）'Macherey and Marxist Liteary Theory', Fall, *The Minnesota Review.*

Eagleton, Terry（1975b）'Ideology and Literary Form', *New Left Review,* No. 90, March. April.

Eagleton, Terry（1976a）*Myths of Power: A Marxist Study of the Bronte's.*

Eagleton, Terry（1976b）*Marxism and Literary Criticism,* Berkeley and Los Angeles: University of California Press.

Eagleton, Terry (1976c) *Criticism and Ideology, London: New Left Books.*

Eagleton, Terry (1976d) 'Criticism and Politics: The Work of Raymond Williams', *New Left Reviiew,* No.95, Jan. Feb.

Eagleton, Terry (1977a) 'Marxist Literary Criticism', pp.85–91.

Eagleton, Terry (1977b) 'Ecriture and Eighteenth Century Fiction', in Francis Barker et al. ed. *Literature and Society: The Sociology of Literature,* Essex: Essex University Press.

Eagleton Terry (1983). Literary Theory: An Introduction. Oxford: Basil Blackwell,

Eco, Umberto. (1976) *A Theory of Semiotics.* Bloomington: Indiana UP.

Eisenstein, Sergei M. *The Film Sens.* New York: Harcourt Brace & Co., 1942.

Eisenstein, Sergei M. ——*Film Form: Essays in Film Theory.* New York: Harcourt Brace & Co., 1949.

Foucault. Michel (1972) *The Archaeology of Knowledge,* New York: Pantheon Books.

Foucault. Michel (1973a) *Madness and Civilization,* New York: Vintage Books.

Foucault, Michel (1973b) *The Order of Things,* New York: Vintage Books.

Foucault, Michel (1974) 'Human Nature: Justice versus Power', in Fons Elders (ed.) *Reflexive Water: The Basic Concerns of Mankind.* London: Souvenir Press.

Foucault, Michel (1975a) *The Birth of the Clinic,* New York: Vintage Books.

Foucault, Michel（1975b）*I, Pierre Riviere, having slaughtereamy mother, my sister, and my brother,* New York: Random House.

Foucault, Michel（1977）*Language, Counter-Memory, Practice,* Ithaca: Cornell University Press.

Foucault, Michel（1979）*Discipline and Punish,* New York: Vintage Books.

Foucault, Michel（1980a）Power Knowledge, New York: Pantheon Books.

Foucault, Michel（1980b）*The History of Sexuality,* New York: Vintage Books.

Habermas, Jurgen（1981）'Modernity versus Postmodernity', *New German Critique,* 22, pp.3–14.

Habermas, Jurgen（1984 and 1987）*Theory of Communicative Action,* vols. 1 and 2, Boston: Beacon Press.

Habermas, Jurgen（1987a）*Lectures on The Philosophical Discourse of Modernity,* Cambridge, Mass.: MIT Press.

Harms, John and Kellner, Douglas（1991）'Toward a Critical Theory of Advertising', *Current Perspectives in Social Theory,* vol. 11（in press）.

Harvey David（1989）*The Coalition of Postmodernity,* London: Blackwell.

Harvey, David（1973）*Social Justice and the City,* Baltimore, Mary land: The John Hopkins University Press.

Harvery, David,（1982）*The Limits to Capital,* Chicago, Illinois: University of Chicago Press.

Hassan,Ihab（1971）*The Dismemberment of Orpheus: Toward a Postmodern Literature,* Madison: University of Wisconsin Press.

Hassan, Ihab (1979) *Right Promethean Fire*, Urbana: University of Illinois Press.

Hassan, Ihab (1987) *The Postmodern Turn: Essays in Postmodern Theory and Culture*, Columbus.

Hebdige, Dick (1986) 'Postmodernism and "The Other Side"', *Journal of Communication Inquiry*, vol. 10, no. 2, pp. 78−98.

Hebdige, Dick (1987) 'Hiding in the Light', *Art and Text*, vol. 26, pp. 64−79.

Hauser, Arnold (1951) *The Social History of Art*, New York: Vintage. (4 volumes)

Hauser, Arnold (1982) *The Sociology of Art*, Chicago: The University of Chicago Press.

Heidegger, M. (1962) *Being and time*. New York: Harper & Row.

Heidegger, M. (1971) *Poetry, language, thought*. New York: Harper & Row.

Heschong, L. (1979) *Thermal delight in architecture*. Cambridge: MIT.

Husserl, E. (1954) *The crisis of European sciences and transcendental philosophy* (D. Carr, Trans.).
Evanston: Northwestern University Press.

Jameson, Frederic (1971) *Marxism and Form*, Princeton: Princeton University Press.

Jameson, Fredric (1972) *The Prison House of Language*, Princeton: Princeton University Press.

Jameson, Fredric (1975) 'Notes Toward a Marxist Cultural Politics', *Minnesota Review*, no. 5, pp.35−9.

Jameson, Fredric (1979) 'Reification and Utopia in Mass Culture',

Social Text, Winter, pp.130-47.

Jameson, Fredric （1981a） *The Political Unconscious,* New York: Cornell University Press.

Jameson, Fredric （1981b） 'The Shining', in *Social Text,* no. 4, pp.114–25.

Jameson, Fredric （1982） 'On Diva', in *Social Text,* no. 6, pp.114–19.

Jameson, Fredric （1983） 'Postmodernism and Consumer Society', in Hal Foster （ed.） *The Anti-Aesthetic,* pp. 111–25.

Jameson, Fredric （1984a） 'Postmodernism, or the Cultural Logic of Late Capitalism', in *New Left Review,* no. 146, pp.53–93.

Jameson, Fredric （1984b） 'Periodizing the 60s', in Sohnya Sayres, et al. （eds） *The 60s Without Apology,* Minneapolis: University of Minnesota Press.

Jameson, Fredric （1984c） 'The Politics of Theory', *New German Critique,*no. 33, pp.53–66.

Jameson, Fredric （1984d） 'Foreword' to Lyotard, Jean-Francois, *The Postmodern Condition,* op. cit.

Jameson, Fredric （1985） 'Architecture and the Critique of Ideology', in Joan Ockman ed., *Architecture Criticism Ideology,* Princeton, N. J.: Princeton Architectural Press, PP. 51–87.

Jameson, Fredric （1986） 'Third-World Literature in the Era of Multinational Capitalism', *Social Text,* no. 15, Fall, pp.65–88.

Jameson, Fredric （1988a） 'History and Class Consciousness as an Unfinished Project', in *Rethinking Marxism,* vol. l, no. 1, pp.49–72.

Jameson, Fredric （1988b） 'Cognitive Mapping', in Cary Nelson and Lawrence Grossberg （eds） *Marxism and the Interpretation of Culture,* Urbana, Chicago and Basingstoke: University of Illinois

Press, pp.347−60, and Macmillan.

Jameson, Fredric (1989) 'Regarding Postmodernism' (interview with Anders Stephanson), in Kellner (ed.) (1989c).

Jencks, Charles (1977) *The Language of Post-modern Architecture,* New York: Pantheon.

Kellner, Douglas (1980) 'Television, Images, Codes, and Messages', *Televisions,* vol. 7, no. 4, pp.2−19.

Kellner, Douglas (1983) 'Science and Method in Marx's Capital', *Radical Science Journal,* no. 13, pp.39−54.

Kellner, Douglas (1984) *Herbert Marcuse and the Crisis of Marxism,* London and Berkeley: Macmillan and University of California Press.

Kellner, Douglas (1987) 'Baudrillard, Scmiurgy and Death', *Theory, Culture, and Society,* vol. 4, no. 1, pp. 125−46.

Kellner, Douglas (1988) 'Postmodernism as Social Theory: Some Problems and Challenges', *Theory, Culture, and Society,* vol. 5, nos. 2−3, pp. 239−70.

Kellner, Douglas (1989a) *Critical Theory, Marxism, and Modernity,* Cambridge and Baltimore: Polity Press and Johns Hopkins University Press.

Kellner, Douglas (1989c) 'Jameson, Marxism, and Postmodernism', in Douglas Kellner (ed.) *Postmodernism / Jameson / Critique,* Washington, D.C.: Maisonneuve, pp.1−42.

Kellner, Douglas (1989d) 'Boundaries and Borderlines: Reflections on Baudrillard and Critical Theory', *Current Perspectives in Social Theory,* vol. 9, pp.5−22.

Kellner, Douglas (1990) *Television and the Crisis of Democracy-*

,Boulder: Westview Press.

King, Anthony D.(1976) *Coloial Urban Development: Culture Social Power and Environment,* London: Routledge & Kegan Paul.

King, Anthony D. (1980) *Buildings and Society,* London: Routledge & Kegan Paul.

King, Anthony D. (1984) *The Bungalow: The Production of a Global Culture,*London: Routledge & Kegan Paul.

Lefebvre, Henri (1969) *The Explosion,* New York: Monthly Review Press.

Lefebvre, Henri (1971a) *Everyday Life in the Modern World,* New York: Harper & Row.

Lynch, Kevin (1960) *The Image of the City,* Cambridge, Mass.: The MIT Press.

Lynch, Kevin (1961) 'The Pattern of the Hetropolis', *Deadalus,* Vol.90, Nol Winter, pp. 79—98.

Lynch, Kevin (1965a) *Visual analysis of Brookline,* Brookline, Mass.: Community Renewal Program.

Lynch, Kevin (1956b) 'The City as Environment', in Scientific Amverican ed., *Cities,* pp. 192—201, New York: Alfred A. Knopf.

Lynch, Kevin (1956c) 'The Visible Shape of the Shapless Metropolis', Sept., Mimeo.

Lynch kevin (1966a) 'A Classification System for the Analysis of the Urban Patern', June,

Lynch, Kevin (1966b) 'Quality in City Design', in Laurence B. Holland ed.,*Who Designs America?,* pp.120—171, Garden City, New York: Doubleday.

Lynch, Kevin (1968a) 'City Design and City Appearance', in William

Goodman, and Eric Freund ed., *Principle and Practice of Urban Planning*, pp.249—276, Washington, D.C.:

Merleau-Ponty, Maurice (1967), 'What is Phenomenology?' *Phenomenology, The Philosophy of Edmund Husserl and Tts Interpretation*, New York, 356—374.

McLuhan, Marshall (1964). Understanding Media: the extensions of man London: Routledge

Norberg-Schulz, Christian (1971) *Existence, Space and Architecture*, New York: Praeger Publishers.

Norberg-Schulz, Christian (1975) *Meaning in Western Architecture*, New York: Rizzoli.

Norberg-Schulz, Christian (1974/1975/1980) *Meaning in Western Architecture*, New York: Rizzoli.

Norberg-Schulz, C. (1979). 'Kahn, Heidegger and the language of architecture'. *Oppositions*, 18, 29—47.

Norberg-Schulz, C. (1980). Genius loci: *Toward a phenomenology of architecture*. New York: Rizzoli.

Norberg-Schulz, C. (1983). Heidegger's thinking on architecture. *Perspecta*, 20. 61—68.

Noterg-Schulz, C. (1985). *The concept of dwelling: On the way to a figurative architecture*. New York: Rizzoli.

Norberg-Schulz, Christian (1984) *Dwelling*, New York: Rizzoli.

Ockman, Joan (1985) *Architecture Criticism Ideology*, Princeton, New Jersey: Princeton Architectural Press.

Panofsky, Erwin (1924/1968) Idea: *A Concept in Art History*, Trans. Joseph in J.S. Peake, New York: Harper & Row.

Panofsky, Erwin (1939/1962) Study in Iconology: *Humanitic*

Themes in the Art of the Rinaissance, Mary Flexner Lectures on the Humanites.

Panofsky, Erwin（1976）*Gothic Architecture and Scholasticism: An Inquiry into the Anglogy of the Arts, Philosophy, and Religion in the Middle Ages*, New York: Meridan.

Panofsky, Erwin（1982）*Meaning in the Visual Art*, Chicago: The University of Chicago

Pred, Allan（1983）'Structuration and Place: On the Becoming of Sense of Place and Structure of Feeling', *Journal for the Theory of Social Behavior*, Vol. 13, No.1, pp.45−68.

Pred, Allan,（1985）'The Social Becomes the Spatial, the Spatial Becomes the Social: Encloures, Social Change and the Becoming of Places in the Swedish Province of Skane', in Gregory, Derek, and Jon Urry, ed., *Social Relations and Spatial Structures*, New York: St. Martin's Press, pp.337−365.

Gwendolyn Wright and Paul Rabinow（1982）, *Spatialization of Power: A Discussion of the work of Michel Foucault*, Skyline, March pp.14−5.

Paul Rabinow（1982）, *Space, Knowledge, and Power: Interriew of Michel Foucault*, Skyline, March pp.16−20.

Rapoport, Amos（1969）*House Form and Culture*, Englewood Cliffs, N.J.: Prentice-Hall.

Rapoport, Amos（1977）*Human Aspects of Urban Form: Towards a Man-Environment Approach to Urban Form and Design*, Oxford and New York: Pergamon Press.

Rapoport, Amos（1982）*The Meaning of the Built Environment: A Nonverbal Communication Approach*, London and Beverly Hill,

Ca.: Saga.

Rapoport, Amos (1984) 'There is an Urgent Need to Reduce or Eliminate the Dominance of the Studio', *Architectural Record,* Vol. 172, No.10, Oct, pp. 100, 103.

Rapoport, Amos, ed. (1976) *The Mutual Interactions of People and the Bulit Environment: a Cross-Cultural Perspective,* Hague: Mouton.

Relph, E. (1976). *Place and placelessness.* London: Pion.

Relph, E. (1981). *Rational landscapes and humanistic geogrophy-* .London: Croom Helm.

Relph, E. (1984). Seeing, thinking, and describing landscapes. In T. Saarinen, D. Seamon, & J. Sell (Eds.) *Environmental perception and behavior: Inventory and prospect* (Research Paper No. 209, pp.209-224). Chicago: University of Chicago, Department of Geography.

Relph, E. (1985). 'Geographical experiences and being-in-the-world'. In D. Seamon & R. Mugerauer (Eds.), *Dwelling, place and environment* (pp. 15-31). Dordrecht: Martinus Nijhoff.

Rojek. Chris, (1985) *Capitalism and Leisure Theory,* London: Tavistock.

Chris Rojek (1995), *Decentring Leisure: Rethinking Leisure Theory,* London: Sage.

Seamon, D. (1979). *A geography of the lifeworld.* New York: St. Martin's Press.

Seamon, D. (1982). 'The phenomenological contribution to environmental psychology'. *Journal of Environmental Psychology.* 2. 119-140.

Seamon, D. (1984a). 'Emotional experience of the environment'. *American Behavioral Scientist.* 27, 757−770.

Seamon, D. (1984b). Heidegger's notion of dwelling and one concrete interpretation as indicated by Hassan Fathy's *Architecture for the poor. Geosciences & Man. 24, 43−53.*

Seamon, D. (1985). Reconciling old and new worlds. In D. Seamon & R. Mugerauer (Eds.), Dwelling, place and environment (pp. 227−245). Dordrecht: Martinus Nijhoff.

Seamon, D. (1987). 'Phenomenology and vemacular lifeworlds'. In D. G. Saile (Ed.), *Architecture in cultural change* (pp. 17−24). Lawrence: School of Architecture, University of Kansas.

Seamon, D. & Mugerauer, R. (Eds.). (1985). *Dwelling, place and environment: Towards a phenomenology of person and world.* Dordrecht: Martinus Nijhoff.

Soja, Edward W., (1989) *Postmodern Geographies: The Reassertion of Space in Critical Social Theory,* London: Verso.

Sontag, Susan (1982) *A Barthes Reader,* New York: Hill and Wang.

Tafuri, Manfredo (1979a) 'The Historical "Project"', *Oppositions,* No.17, Summer, pp.55−75.

Tafuri, Manfredo (1976a) *Architecture and Utopia: Design and Capitalist Development, Cambridge, Mass.: The MIT Press. (Original Italian Edition 1973).*

Tafur, Manfredo (1977b) 'The Dialectics of the Avant-Garde: Piranesi and Eisenstein', *Oppositions,* No. 11, pp.72−81.

Tafuri, Manfredo (1980) *The Sphere and the Labyrinth,* Bosqon: MIT Press.

Mark C. Taylor: *De-signing the Simcit,* 1993a. N.Y. Vol.1 No.3 (Electrotecture: Architecture and the Electronic Future).

Teymur, Emel and Necdet Teymur (1980) 'Understanding Society and Environment: as a System?', *ournal of the Faculty of Architecture*, Vol.6, No. 1, Spring, pp. 55−66.

Teymur, Necdet (1982) *Environmental Discourse*, London: uestion Press. Teymur, Necdet (1980) 'Design Discoures: Doing Versus Saying−A Dubious Dichotomy,' 9H, Vol.2, pp.47−49.

Teymur, Necdet (1981a) '"Aesthetics" of Aesthetics: Aesthetic Question in Architectural Urban Discourese', *Journal of the Faculty of Architecture*, Vol.7, No.1, Spring, pp. 77−96.

Teymur, Necdet (1984) 'Economic Signification of Physical Surroundings', in Enric Pol, and Josep Muntanola, Montserrat, ed. *Man Environment Qualitative Aspects*, pp. 230−236, Barcelona: University of Barcelona.

Teymur, Necdet (1981b) 'The Materiality of Design: Science: Method: Proceedings of the 1980 Design Research Society Conference', pp.106−111, Guildford, Surrey: IPC Press.

Bernard Tschumi: '*Ten Points, Ten Examples*', 1993a. N.Y. Vol.1 No.3 (Electrotecture: Architecture and the Electronic Future).

Tuan, Yi-Fu (1971b) 'Geography, Phenomenology, and the Study of Human Nature', Canadian Geographer, Vol. XV, No.3, pp.181−192.

Tuan, Yi-Fu (1974) *Topophilia: A Study of Environmental Perception, Attitudes, and Values*, Englewood Cliffs, N.J.: Prentice-Hall.

Tuan, Yi-Fu (1975) 'Place: An Experiential Perspective', *The Geographical Review*, Vol. LXV, No.2, April, pp. 151−165.

Tuan, Yi−Fu (1976) 'Humanistic Geographers', Vol.66. No.2. June, pp. 265-276.

Tuan, Yi-Fu (1977) *Space and Place: The Perspective of Experience,* Minneapolis: University of Minnesota.

Tuan, Yi-Fu (1982a) 'Rootedness Versus Sense of Place,' *Landscape,* Vol. 24, No.1, pp.3-8.

Tuan, Yi-Fu (1982b) *Segmented Worlds and Self: Group Life and Individual Cansciousness,* Minneapolis: University of Minnesota Press.

Wakin, David, (1977) *Morality and Architecture,* Chicago: University of Chicago Press.

Wakin, David, (1980) *The Rise of Architectural History,* Chicago: University of Chicago Press.

Williams, Raymond (1973) *The Country and the City,* New York: Oxford University Press.

Williams, Raymond (1977) *Marxism and Literature,* Oxford: University Press.

Williams, Raymond (1981/1982) *The Sociology of Culture,* New York: Schocken.

Wolff, Janet (1981) *The Social Production of Art,* New York: St. Martin's Press.

Wolff, Janet (1983) *Aesthetics and the Sociology of Art,* London: George Allen & Unwin.

Woolley, Benjamin (1993) *Virtual World: A Journey in Hype and Hyperreality,* Penguin Books.

參考書目（中文部分）

鄭樹森編：《現象學與文學批評》，台北：東大，1984。

廖炳惠：《解構批評論集》，台北：東大，1985。

張漢良：《比較文學理論與實踐》，台北：東大，1986。

蔡源煌：《從浪漫主義到後現代主義》，台北：雅典，1987。

李幼蒸選編：《結構主義和符號學——電影理論譯文集》，北京：三
　　聯，1987；台北：久大、桂冠，1990。

羅蘭・巴特，董學文、王葵譯：《符號學美學》，沈陽：遼寧，1987；
　　《符號學要義》，台北：南方，1988。

羅蘭・巴特・李幼蒸譯：《寫作的零度》，台北：久大、桂冠，1991。

羅蘭・巴特，汪耀進、武佩榮譯：《戀人絮語》，台北：桂冠，1991。

詹明信，唐小兵譯：《後現代主義與文化理論》，台北：合志，1989。

道利・安祖，陳國富譯：《電影理論》，台北：志文，1983。

安德烈・巴贊，崔君衍譯：《電影是什麼？》，北京：中國電影，
　　1987。

迷走、梁新華編：《新電影之死》，台北：唐山，1991。

彼得・伍倫，劉森堯等譯：《電影記號學導論》，台北：志文，1991。

《電影欣賞》，第三卷第一期（1985）；第三卷第二期（1985），「結
　　構主義／電影符號學」專題。

《電影欣賞》35期（1988），「羅蘭巴特與電影」專題。

齊隆壬：《電影符號學》，台北：書林，1992。

陳儒修：《台灣新電影的歷史文化經驗》，台北：萬象，1994。

沙特：《影像論》，台北：商鼎，1992。

劉康：《對話的喧聲》，台北：麥田，　。

Andre Bazin：《電影是什麼？》，台北：遠流，1995。

Louis Giannetti：《認識電影》，台北：遠流，1992。

王岳川：《後現代主義文化研究》，台北：淑馨，1992。

李幼蒸編：《結構主義和符號學》，台北：桂冠，1990。

羅蘭‧巴特：《明室‧攝影札記》，台灣攝影季刊，1995。

彭樹君：《只要為你活一天》，台北：皇冠，1993。

Darid Bordwell：《電影意義的追尋——電影解讀手法的剖析與反思》，
台北：遠流，1994。

鄭樹森編：《文化批評與華語電影》，台北：麥田，1995。

廖炳惠著：《回顧現代：後現代與後殖民論文集》，台北：麥田，
1994。

Raymond Williams 著，馮建三譯：《電視：科技與文化形式》，台北：
遠流，1994。

Robert C. Allen 編，李天鐸譯：《電視與當代批評理論》，台北：遠
流，1993。

夏鑄九、王志弘編譯：《空間的文化形式與社會理論讀本》，台北：明
文書局，1994。

夏鑄九著：《空間、歷史與社會——論文選 1987-1992》，台北：明文
書局，1993。

夏鑄九著：《理論建築——朝向空間實踐的理論建構》，台北：明文書
局，1992。

王志弘編譯：《空間與社會譯文選》，1995；《性別‧身體與文化譯文
選》，1995。

朱元鴻譯：《後現代理論——批判的質疑》，台北：巨流，1991。

《中外文學》第廿二卷第八期（1994），「電影與文化結構專題Ⅱ」。

《中外文學》第廿二卷第十二期（1993），「科幻」專題。

《中外文學》第廿三卷第十一期（1995），「後現代小說」專題。

《中外文學》第廿四卷第二期（1995），「後現代主義」專題。

《島與邊緣》第一卷第三期（1992），「拼貼德希達」專題。

季鐵男編：《建築現象學導論》，台北：桂冠，1992。

Vilem Flusser 著，李文吉譯：《攝影的哲學思考》，台北：遠流，1994。

張興國著：《九份聚落的社經分析》，淡江建研所碩士論文，1989。

李永熾著：《世紀末的思想與社會》，台北：萬象，淡江建研所碩士論文，1990。

Louis Giannetti 著：《認識電影》，台北：遠流，1992。

Edmund Husserl 著，陳懷恩譯：「方法上之基本考慮」選譯自《胡塞爾全集》（1976），收於《建築現象學導論》，台北：桂冠，1992。

索　引

五劃

六劃

十五劃

十六劃

十七劃

十八劃

十九劃

廿一劃

廿三劃

國家圖書館出版品預行編目資料

影像地誌學：邁向電影空間理論的建構／顏忠賢
著.--初版.--臺北市：萬象,1996〔民 85〕
　　面；　公分
參考書目：面
含索引
ISBN 957-669-864-2(平裝)
1.電影-哲學，原理
987.01　　　　　　　　　　　　85010609

萬象圖書股份有限公司

地址：台北市南京東路三段270號9F A室
訂書專線：(02)7781886
傳眞專線：(02)7788248・7192087
免費服務專線：080211424
郵撥帳號：15806765號

郵遞區號：

姓名 　 (男) 　 　 　 　

地址： 市 縣 鎮鄉
區市 里村

職業：①學生 ②公務(含軍警) ③家管 ④製造業
⑤金融 ⑥資訊 ⑦買賣 ⑧大眾傳播 ⑨自由業
⑩服務業 ⑪其他

學歷：①小學 ②國中 ③高中 ④大專 ⑤研究所(含以上)

	出生日期： 年 月 日	身份證字號：
性別：①男 ②女		
書名：		電話：

影像地誌學

藝書房 28

邁向電影空間的理論建構

電影與空間的研究在經歷我們這種「多範型抗爭」的時代情境後有了更多面向發展的必要。本書企圖回顧多種專業論述移轉過程對空間思考的變遷，以及空間在電影中呈顯其多樣而動態的可能形式，進而提出地誌學式對於探討「空間／影像／書寫」的多重認知分析角度。

我們盼望您不辭煩勞，將您的資料及對本書的建議，提供給我們作爲改進的參考，並寄回此問卷卡，您可以隨時收到最新的出版訊息。

（下列資料請以數字填在每題前之空格處）

_____ 您從哪裏得知本書／
1 書店　**2** 報紙廣告　**3** 報紙專欄　**4** 雜誌廣告
5 親友介紹　**6** DM廣告傳單　**7** 其他_____

_____ 您希望我們出版哪一類的書籍／
1 電影研究　**2** 電影劇本　**3** 古典音樂　**4** 現代音樂　**5** 戲劇
6 舞蹈　**7** 美術　**8** 攝影　**9** 其他_____

您對本書的意見／
_____ 內容／**1** 滿意　**2** 尚可　**3** 應改進
_____ 編輯／**1** 滿意　**2** 尚可　**3** 應改進
_____ 封面設計／**1** 滿意　**2** 尚可　**3** 應改進
_____ 定價／**1** 偏低　**2** 適中　**3** 偏高

您希望我們爲您出版哪一位作者的書籍／

1_____　**2**_____　**3**_____

您的建議／

_____

_____

_____